空室が日本を救う!

イノベーティブ企業22社からの提言

株式会社
全国空室対策協議会
代表取締役社長
谷 正男（監）

ダイヤモンド社

はじめに

「空室が日本を救う」とは大仰な…と思われたかもしれません。しかし、現在、増加し続けている空き家やビル・マンションなどの空室は、それ自体が問題であると同時に、じつは、少子化、女性活用、介護、インバウンドなど、一見、空室とは無関係とも思えるさまざまな課題を一括して解決に導く可能性を秘めているのです。

空き家・空室に関する実情や具体的な対応策については後ほどご紹介するとして、まずは私が、空室問題とその可能性に関心を持った経緯を少しお話ししておきましょう。

私は「株式会社アットオフィス」という会社を経営しており、賃貸オフィスの仲介業を中心に、貸し会議室、レンタルオフィス、月極駐車場の仲介業など、多彩な不動産サービスを提供するほか、空室対策のコンサルティングやセミナーも手がけています。

設立当初は、パソコンのデータから見込み度の高い企業を抽出してパソコンから直接電話営業するシステムや物件情報のインターネット検索システム、メール営業システムなどを開発。独自の営業戦略やサービスで成長を遂げました。

しかし、ＩＴも一般化し、同様のサービスを展開する企業も増えたため、新たに差別化できるサービスはないかと考えたときに行き着いたのが空室対策でした。30年近く不動産業に関わる中で、中小ビルの空室が年々増加していることや、それらが有効活用されていないことに危機感を感じていたからです。


空き家・空室の発生要因はいくつかありますが、最も影響が大きいのは、少子高齢化による人口の減少です。また、クラウドソーシングなどの発達により、ワーキングスタイルも変わりつつあることから、スペースの用途を住まいやオフィスに限定する従来通りの発想では抜本的な解決を見込めなくなっています。一方で、外国人やインバウンド企業、シングルマザーなどの入居困難者や介護、保育、クラウドソーシングなどの用途でスペースを必要とする人々は増えています。

そこで私は、全国にあふれている空き家・空きビルを、もっと自由にシェアしたり、医療・介護・保育などの社会福祉インフラとして活用すべきなのではないかと考えました。そして、こうした考えが一般化すれば、不動産業界の後進たちに新たなビジネスチャンスを残せるばかりか、日本が抱える多くの問題を同時に解決できるかもしれません。

こうした思いに突き動かされて立ち上げたのが、「全国空室対策協議会」です。不動産だけでなく、建築や医療、ＩＴ、士業など、業種・業界の垣根を越えて知恵を集約し、空室を自由な発想で機能させることを目的としています。

じつは、同協議会の設立にあたっては、妻の仕事もヒントを与えてくれました。妻は15年間、一時預かり保育という仕事をしています。しかし、何人も乳幼児を預かるには、体力的・精神的に難しい年齢に差しかかってきました。妻の不注意が原因で、子どもにケガでもさせたら大変です。私はそれを危惧し、「そろそろ誰かに引き継ぐか、辞めてはどうか」とここ数年言い続けてきたのですが、返事は決まって「ママや子どもたちが困るわ」。いつも夫婦げんかになっていました。

もちろん、国も対策をとっていないわけではありませんが、やはり対応は遅い。また、待機児童に関しては、施設の不足だけでなく、従事者の賃金が低く、人材が集まらないことも問題となっています。それならば、きちんと儲かるサイクルを築き、保育施設などの拡充と人材の増加を図ればいい。こうなると、もはや福祉というよりもビジネスです。だからこそ、私たち民間企業が知恵をしぼる必要があるのです。

ただし、保育所に限らず、これまでにない発想・用途で空室を活用するには、国や自治体による、さまざまな規制の緩和が不可欠です。そうした点で、昨今、追い風が吹き始めました。

2014年、世界経済フォーラム年次総会（ダボス会議）に出席した安倍晋三総理は、4つの国際公約を発表しました。その中の一つに、国家戦略特区を突破口として、岩盤規制で守られている業界・団体に風穴を開けるということが含まれているのです。

特区法に基づく民泊の規制緩和が着々と進みつつあるのは、みなさんもご存知でしょう。さらには、「すべての女性が輝く社会づくり」など、女性の社会進出や子育てしやすい環境づくりも進められています。

といっても、具体的な施設の建設・整備・運営などは国ができることではありません。政府は立法府ですから、規制の緩和や、新たな法律の制定などに頑張ってもらう。そして、施設の整備・運営は民間が引き受ける。私は、そんな官民連携による空室活用を期待したいと思います。

出産、子育て、介護などの問題は、辛い時期が過ぎると関心が薄れやすく、問題が発生するタイミングも異なることが多いため、それぞれの問題を単体で考えがちです。それではいつまでたっても、どの問題も解決には至らないでしょう。
しかし、空室の使い方次第では、こうした問題を一括して解決することが可能です。本書には、「そんな手があったのか」と思わせる発想の転換とアイデアで空室を活用する、イノベーティブ企業22社からの提言を詰め込みました。

今後、間違いなく進む人口減少・少子高齢化。それによって生じる問題に対し、日本人は危機感が薄すぎるように感じます。「誰かが何とかするだろう」。そういう他力本願な考え方は捨てるべきときが来ています。広い意味での「後進」に夢のある社会を残すためにも、より多くのみなさんに感心を持っていただきたいと思います。

谷　正男

目次

第4章 介護・介助

第5章 不動産価値向上

第6章 インバウンド

序章

空室活用は
ポストオリンピック社会に
向けたリスクヘッジ

株式会社全国空室対策協議会
代表取締役社長　谷 正男

賃貸・売買可能な空き家は460万戸

現在、全国には空き家が820万戸もあり、大きな社会問題となっています。

その改善を図るべく、2015年5月、「空き家対策特別措置法」が施行されました。この法律の骨子は、電気、水道、ガスなどの数字を現認し、明らかに住んでいないと判断できる危険な家屋は、行政代執行による強制撤去を可能とするというものです。

なぜ、このような法律が施行されたのかというと、老朽化が進行し、倒壊寸前になっている空き家が増え続けているからです。というのも、じつは、家屋が建っている土地は、更地に比べて固定資産税が最大6分の1になるという優遇措置を受けられます。そのため、実際には住んでいない古い家屋を「住んでいる」と言い張って放置する家主は多く、それに対して、これまでは、行政も手出しできなかったのです。こうした空き家は全国に320万戸ほどあり、同法の施行によって、空き家の解消・処分につながるのではないかと期待されています。

しかし、問題なのは、人口減少、老朽化、駅から遠いなど、さまざまな理由から借り手がつかない賃貸住宅429万戸と中古売買住宅31万戸、合わせて460万戸の賃貸・売買可能な空き家に関する対策が置き去りにされているということです。

これだけある空き家を、うまく活用しない手はありません。たとえば、本書にも登場する、定住が難しい人たちに空き家を提供する事業もその一つ。対象者はシングルマザーや外国人などです。彼らは固定収入がなかったり、生活文化が違うことからオーナーが入居を嫌がることが多く、なかなか賃貸住宅を借りられません。そのような人々に、空き家をシェアハウスなどとして利用してもらうというビジネスモデルです。そのほか、フリースペースとして時間貸しするというサービスも人気を集めています。

空き家を施設やサービスとして活用し、収益を得るというやり方は、まさに民間ならでは。法を整備する国にはない発想でしょう。

老朽化が進む中小ビル

ところで、空き家と同様に、空きビル・空室の増加も深刻です。しかし、こちらは、あまり問題視されていません。それどころか、現在、東京ではビルの空室率が低下してきているとさえいわれています。なぜでしょうか？　それは、オフィスビルの空室率の統計の取り方に偏りがあるからです。

昨今、優遇税制などの措置により、中小企業の設備投資が伸び、人材採用にも積極性がみられます。人材を採用すれば、その分だけオフィスが手狭になり、新たなオフィスを借りる企業も増えます。

実際、有効求人倍率の伸びとともに、オフィスの空室率は減少しています。現在、日本全体の有効求人倍率は１・２７倍で、東京は１・８９倍といずれも高水準となっています（２０１５年12月末時点）。反比例するように東京でのオフィスの空室率は４・０１％と以前よりもぐっと下がりました（２０１６年1月末時点）。圧倒的に人気なのは渋谷で、空室率２・４６％。満室といってもよいほどです。これはベンチャー企業の多くが渋谷を好むからでしょう。

空室率が5％を切ると、オフィスの賃料は急激に上がり始める傾向があり、現在、東京のオフィス賃料は上昇し続けています。

ところで、この空室率とは何の統計かというと、東京の港区、新宿区、中央区、千代田区、渋谷区という都心部5区内で、1フロアが100坪以上あるビルの空いている率を指しているのです。1フロア100坪というとかなり大きなビルで、全ビルの約11%程度にすぎません（アットオフィス調べ）。残りの89%は100坪を下回る中小ビル。空室も非常に多いのですが、統計にはこれらのビルの空室率が反映されていないのです。

こうした中小ビルの多くは、バブル時代に竣工したものです。バブル景気の絶頂期、日経平均株価は3万8915円の最高値をつけました。そのとき、株式以外の投資先となったのが不動産です。特に街の八百屋さん、魚屋さんなどの地主に対して、銀行は「お金を貸すのでビルにして、その上に居住しませんか」という提案をしました。それにより、たくさんの中小ビルとオーナーが誕生したわけです。

しかし、それから約30年が経過。これらのビルは老朽化し、現在必要とされる設備や環境が整っていないため、たとえ賃料を下げようと、空室が埋まらなくなっているのです。

こうしたビルは全国に数多くあるのですが、あまり知られていません。

人口減少（労働人口減少）でさらに空きビルは増える

今後、このような中小ビルの空室はさらに増加すると思われます。２０２０年の東京オリンピックまでは、なんとか景気ももちこたえるかもしれません。しかし、オリンピック後の社会を考えると、私は危機感を抱かざるを得ないのです。

ビルの空室が増加する理由には、主に次の４つが考えられます。

①人口減少（労働人口減少）・少子高齢化
②ＩＴ化による利用オフィスのスペース減少
③ロボット化による雇用喪失
④海外への営業拠点の移転

まず①ですが、これはみなさんご承知のとおりです。省庁が発表する人口推計には、ほぼブレがありません。このまま少子高齢化が進めば、日本は大変なことになります。まず20年後、労働者が約１４００万人減少します。すぐには想像しにくい数字ですが、東京ドーム1個分（5万5０００人）の労働者が、20年間、毎月減少し続けていくイメージです。さらに２０１６年に生まれた子どもたちが消費世代となる35年後には人口が1億人を割り込み、45年後には８０００万人に…。今手を打たないと、日本の国力は大きく減退してしまうのではないかと本気で考えるくらい深刻です。

実際、47都道府県のうち、前年対比で人口が増加している都府県は、宮城、千葉、東京、埼玉、神奈川、愛知、滋賀、福岡、沖縄のわずか1都8県しかありません（総務省統計局調べ・２０１３年10月時点）。

定年を迎えた団塊の世代は、出身地に戻らず東京に定住する傾向があり、それが都心への一極集中の一因ともなっています。しかも２０２７年には、東京・名古屋間にリニア新幹線が開通する予定で、その10年後には大阪まで延伸。東京・大阪間が1時間で結ばれるといいますから、２０３７年には大阪が東京への通勤圏となり、都心への一極集中は、さらに加速する可能性もあるのです。

とはいえ、高齢者が増える一方で労働人口は減少し続けるため、東京といえども、人口減少・少子高齢化の影響は避けられません。オフィススペースの余剰傾向もさらに加速するはずです。

今後、日本は深刻な人材不足となります。人材が採れなくては事業拡大もままなりません。10年、20年後には、設備投資をするお金よりも人がほしいといった時代が来るのではないでしょうか。

そして、こうした状況になれば、外国人労働力に頼らざるを得なくなります。しかし、今の日本は、彼らを受け入れる態勢が整っているとはいえません。

昨今、しきりに「インバウンド」（海外からの訪日客）という言葉が使用されますが、観光客を増やすことだけでなく、日本での就学・就業を促すようなインバウンド政策も、ぜひ、進めてほしいと思います。

ライフスタイルの変化に対応できなければ空室は埋まらない

続いて②の「ＩＴ化による利用オフィスのスペース減少」ですが、これも見逃せない問題です。現在、ＩＴ化やクラウドソーシングの一般化などにより、ライフスタイルが大きく変化しつつあります。くわえて、地域振興やインバウンドに対応した街づくりが進むことによって、住む場所・働く場所・遊ぶ場所の区分もなくなってきました。

たとえば、2004年に開業した「コレド日本橋」。ここは、三井高利が初めて呉服店を開業した場所で、三井財閥の本拠地。金融や大手企業のオフィス街として発展してきたエリアです。そこに、サラリーマン以外の人々が遊びに行くようになっている。以前はあり得なかったことです。

また、2014年には東京の大手町に温泉が湧出し、その近隣に外国人向けのサービスアパートメントが建築されることになりました。完成後には、温泉に入った後、軽装の外国人が大手町を散歩するという、これまでにない光景が見られるようになるでしょう。

そして、自宅やカフェ、移動中に仕事をする人も増えており、某大手コーヒーチェーン店でも、飲食をしている人と仕事をしている人では、後者のほうが多くなっているのだそうです。

このように、IT技術の進化や価値観の多様化によって働き方が変わり、あわせて街もライフスタイルも大きく変化しました。そうなると、当然、スペースのニーズも変わるでしょう。

③の「ロボット化による雇用喪失」もそうした変化の一つで、人の代わりになる機械を使えば、オフィスは必要なくなります。

④の「海外への営業拠点の移転」も理屈は同じです。内需がなかなか拡大しないのであ

れば、東南アジアを含めた海外にマーケットを求めていくしかありません。海外に拠点が移れば、日本にオフィスを置いておく理由はますますなくなります。

つまるところ、スペースの用途を住まいやオフィスなどに限定する従来の発想では、空室を解消するどころか、ますます悪化させてしまうということです。

近年、東京の中心部ともいえる千代田区・中央区・港区では大型ビルのスクラップアンドビルドが盛んに行われています。これは、資本力のある大手ビルオーナーが、ビルを建て替えることで、企業の需要の変化に対応しようとして行っているものです。

大阪の中心・梅田でも、商業施設を兼ねた大規模オフィスビルが次々に竣工しました。そして、周辺地域の古いビルに入居している企業に、安い賃料条件を提示し、移転を促しているのです。最新設備が整い、耐震構造もしっかりしている新築ビルは、人材の採用時にも有利に働くため、企業は移転を考えるでしょう。ましてや、現在の賃料と同等もしくは安いとなれば、移転しない理由はありません。

大手不動産各社もさまざまな取り組みを開始しています。たとえばある大手デベロッパーは、マンションやオフィスではなく、従来は手がけていなかった外食産業の店舗ビルをどんどん建築しています。そのほか、格安なカプセルホテルを秋葉原で運営するところもありますし、電鉄系のデベロッパーはその資産を生かして、高架下を使用した保育所の運営を手がけるなどしています。

おそらく、これらは試験的にやっているのでしょう。先々の需要がどうなるかわからないという危機感で、大手ビルオーナーも手探りなのだと思います。だからこそ、中小ビルオーナーは、賃料を下げて価格競争に参戦するのではなく、発想の転換やアイデアで大手とは一線を画すビジネスを考える必要があるのです。

中小ビルの「旧耐震」という深刻な問題

こうした状況に鑑みて、私は、空きビルを医療や介護、保育といった社会福祉のインフラ施設として活用してはどうかと考えました。

前述のとおり、バブル時代には大量のビルオーナーが誕生しています。そして今、こうしたビルオーナーも建物とともに年を経て、経営を世代交代する時期を迎えつつあります。

しかし、空室だらけの不動産を相続しても、それは負債でしかありません。これまでとはやり方も考え方も変え、不動産にきちんと収益を生み出せるような付加価値をつけていくべきなのです。

ただし、バブル時代に建った中小ビルには大きな問題点が二つあります。一つは経営上の問題で、オーナーが従来の貸し方にこだわっており、新たな貸し方を模索しようとしない傾向が強いということです。

このようなタイプのオーナーには、「自分の目の黒いうちは」と言って新たな貸し方を拒否し、空室で収入が減った分を預かっている敷金で補てんしてしまう方も多くいます。こうなると銀行も融資には応じず、そのまま放置されてしまうわけです。オーナーのみなさん自身のためにも、ぜひ、意識を変えていただきたいと思います。

もう一つはビル本体の問題です。1981年6月以降に建築確認されたビルは新しい耐震基準を満たしていますが、それ以前のビルについては「旧耐震」という基準になります。これは、耐震化しなければ、直下型地震が発生したときに生命の安全を保てない建物だということです。

また、建築確認無届け、検査済証なし、容積率超過等の問題もあります。さらに、構造計算書や竣工図面がない、もしくは現状とまったく違っているというケースも少なくありません。

これらは、一度駐車場などとして申請しておき、ビルの竣工後に検査をせずに店舗などとして利用したケースで多くみられるもので、容積率オーバーの違法建築物となります。こうした違法建築物件には、銀行もローンをつけないので、大規模修繕ができずに売却もできなくなります。日本にはこのようなビルも大量にあるのです。

屋上増築による耐震化でひらける未来

そこで、アットオフィスでは、その解決手段を模索しています。

それはビルの最上階を減築した上で、屋上に軽い建築物を増築することで耐震化を図る仕組みです。増築部分と古い建物の間にダンパという部材を通し、ダンパを通じて上の揺れと下の揺れを相殺するのです。これは昔からある方法で、六本木ヒルズの屋上庭園はグリーンダンパという類似の制震法を用いており、新宿三井ビルも300トンの重りを屋上に載せて制震化を図りました。

問題となるのは、建物が増築できる構造になっているか否かだけ。その審査さえ通れば、入居していながら工事ができます。

申請から完成まではだいたい1年。それだけで旧耐震の物件が新耐震に準拠し、法令適格なビルになります。また、床面積が増えるため、資産価値も上がります。面倒な申請等もアットオフィスが代行します。

コストについても心配はいりません。オーナーの財務与信に関係なく、投資家から資金を集め、すべての費用を負担します。そのかわり、10年間にわたって増築部分の収益を投資家に配分するので、その間の収益は放棄することになります。それがネックになるならば仕方ありませんが、耐震化のコストがまったくかからない上、10年後にはすべての収益を得られるようになりますから、魅力的な提案といえるのではないでしょうか。

もちろん、国に建物の容積率の制限を緩和してもらわないと絵に描いた餅になってしまう案ですが、幸いにもオリンピックに向けて、東京の幹線道路沿いはすべて建物容積率の緩和が見込める特区に指定されました。

また、「アジアヘッドクォーター特区」といわれる緩和地域も順次決まる予定です。それらの地域をターゲットにすると、かなり多くの物件を耐震化できます。耐震化については自治体からの助成もありますので、ぜひ多くの企業に検討してもらいたいと思います。
今後は、こうした屋上への増築を積極的に進め、ルーフトップオフィス、ルーフトップ保育所などとしての活用も推進していくつもりです。

特に注目しているのは、学校などの公共建築物です。学校、図書館、病院…これらの建物は堅固な構造になっている上、屋上のスペースが空いています。また、小学校などは、もともと地域住民が集まりやすい場所に建てられているため、利便性も高いのです。そこに、少子高齢化対策に貢献する施設を増築して活用しようというわけです。

保育所をつくるというと、「うるさいから嫌だ」と反対する地域住民も少なくありません。しかし、音は下から上に伝わりますので、屋上の保育所ならば、子どもたちがはしゃいでも影響は少ないはずです。そんな保育所や病児保育施設が屋上にできれば、きっと多くの人に喜ばれるでしょう。首都圏における待機児童の問題はいまだ深刻ですので、その解決策としても、屋上の活用は大きな突破口になるのではないかと思います。

そして、こうした自社の事業の枠も超え、「全国空室対策協議会」の代表として私が最終的につくりたいのは「社会福祉モール」です。

ショッピングモールや医療モールなどはあるのに、今後、日本が一番必要とするであろう社会福祉モールはありません。それを各地に増やしたいのです。

たとえば、屋上に増築できたならば、その部分をサービス付き高齢者住宅にしてもいいでしょう。あるいは、DV、うつ病などの相談を、病院に行く前に相談できるような街の保健室も需要がありそうです。さらに、高齢者や女性の起業を促進できるようなコワーキングスペースをつくれば、地域活性化にもつながります。そして、こうした施設は、有事の際にも、避難所などとして利用できるのではないでしょうか。

官民の連携で、空室解消と暮らしやすい社会の実現を目指す

保育所を増やすには、法律の規制緩和も必要です。また、いくら保育所が増えても、女性たちが子どもを産みたい、働きながら子育てしたいと思えるような環境がなければ意味はありません。

たとえば、37・5度以上の発熱がある子どもは、通常の保育所では預かれません。保育所は保育をする場所であり、病児を預かる場所ではないからです。何か冷たいようですが、

子どもの安全を確保する上では仕方ない措置なのです。そうなると、「熱が出たから迎えに来てください」と職場に電話が入り、母親はすぐに対応しなければなりません。

そんなとき、小児科、保育所、病児保育施設が同じ軒下にあったらどうでしょうか。彼女たちは、安心して仕事に専念できるはずです。また、夜8時くらいまで預かってくれる学童保育施設もあれば、長く仕事を続けられるでしょう。

あるいは、「第3号被保険者」という制度。これは国民年金の加入者のうち、厚生年金、共済年金に加入している第2号被保険者に扶養されている配偶者のことを指します。簡単にいうと、会社員の夫の扶養枠に入っている妻のことです。

これにあたる人は国民年金を支払う必要がありませんし、健康保険なども夫が加入する組合のものが使えます。しかし、自身の年収が130万円を超えると被扶養者から外されてしまうため、もっと働きたくても働けない・働かないという現状があるのです。

こうした制度は国が変えていかないと、どうにもなりません。労働人口が減り続ける中、人材としての彼女たちは頼もしい戦力といえますし、130万円でストップされるよりも、しっかり働いて納税してもらったほうが国にとってのメリットも大きいはずです。

空室は日本が抱える大きな課題の一つですが、活用の仕方によっては、これまで述べてきたようなさまざまな問題を一括して解決する可能性を秘めています。もちろん、空室を新たな目的で活用していくためには法整備も必要ですし、民間企業同士はもちろん、医師や士業者との連携も不可欠です。当然、政治家や官僚の方々などにも現状を認識していただく必要もあるでしょう。

そこで本書では、「全国空室対策協議会」にもご協力いただいている多様な業種・業態の方々にご登場いただき、それぞれの立場から空き家・空きビルの利用策や、社会福祉の改善策などを提言していただきました。

いずれもその道のエキスパートで、「こんな活用法があったのか」というような先進的な取り組みをされています。

ぜひ参考にされるとともに、みなさんにも新たな発想をご提案いただきたいと思います。

第1章
ワーキングスタイル革命

たとえば、思い立ったときに必要な時間だけ、
用途に合ったスペースを確保できるとしたら？
初期投資なしに、立地から内装まで
自在に選べるオフィスを開設できるとしたら…？
空室や空きスペースは、使い方次第で“働き方”を
もっと自由に変える可能性があるのです。

中古のオフィス用品とビルの空き物件をドッキング！
〝もったいない精神〟が生み出すオフィス賃貸

株式会社オフィスバスターズ
代表取締役　天野 太郎

オフィスバスターズからの提案

- オフィス用品の中古品を使い、
  イニシャルコストなし、月額のみで利用できる
  オフィス空間を提供

- 物件の立地や条件、内装、
  オフィス用品のカスタマイズを自在にすることで、
  既存のレンタルオフィスと一線を画す

- オフィス開業・移転のハードルを下げ、
  空室の解消とともに、企業の開業を促進する

Company Profile **株式会社オフィスバスターズ**

2002年、中古事務機の輸出事業を営む株式会社アトライを設立。2003年に株式会社テンポスバスターズとの共同出資で、リユース総合商社としてオフィスバスターズを創立しました。「もったいないを徹底的にサポートする」という経営理念のもと、オフィス商品の国内リユース、発展途上国への輸出を実施。海外・国内でのビジネスインフラの偏りをなくし、現在2%以下と推定されるオフィス商品の循環率を10%まで上げることを目標としています。2015年からは、賃貸の空き物件と取り扱い中のオフィス商品を組み合わせて、イニシャルコストなしで利用できるワークスペース提供を実施。環境に優しい循環型社会の形成を目指し、早稲田大学との産学連携でリユース活用によるCO_2削減のデータベースも構築中です。

オフィス用品のリユースで環境負荷の低減が可能に

「オフィスバスターズ」は、オフィス用品の販売、オフィス空間のプロデュース、オフィス不動産の紹介、この3つの事業を行うリユース総合商社です。

オフィス用品の販売については、「もったいないを徹底的にサポートする」という経営理念のもと、通信機器、OA機器、デスク、チェアなど、中古品から新品まで年間20万点の商品を取り扱っています。

現在の日本では、オフィス用品などの法人資産は、使用しなくなったものはまだ十分に使えるものであってもすぐに捨ててしまうというのが現状です。なぜなら、こうした資産のリサイクルやリユースをスムーズに行える仕組みが整っていないため、廃棄するのが一番楽だからです。しかし、電子機器ゴミの廃棄は環境負荷が高いため、コピー機を1台リユースするだけで、約1トンものCO_2を削減できるということをご存知でしょうか。日本では年間数十万台のコピー機が販売される一方、リユースされる台数は多くありません。

当社では、こうしたオフィス用品をゴミにしないよう、企業を対象に買い取りの営業活動を積極的に行ってきました。それは環境を保全するためばかりではありません。大企業と中小企業、先進国と発展途上国のモノの格差をなくしたいという思いがあるからです。大企業は最新のオフィス資産を潤沢に持っていますが、中小企業は購入を控えたり、やむを得ず古い機器を使ったりしています。さらに国単位でいえば、先進国では使用可能なオフィス機器が大量に破棄される一方で、発展途上国ではニーズがあるにもかかわらずＯＡ機器が欠乏している…。こうした格差を是正したいのです。

先進国から発展途上国まで、よいモノが使えるシェアリングエコノミーの実現

私は以前、総合商社に10年間勤務し、ロシアや中南米、中国を対象にＯＡ機器を販売していたのですが、あるとき、取引先でこう言われたのです。

「日本では電子機器や機械類のゴミが多くあって、埋め立てる場所もないと聞いた。そんな中古品を安く販売してくれないか」

日本の最新のパソコンやコピー機は、機能は豊富なものの価格が高く、輸出先のニーズには合っていませんでした。つまり、「ここまでのスペックはいらない。もっとシンプルな機能の機器を、もっと安く提供してほしい」というのが取引先の本音だったのです。私

自身も、たくさんつくり、売り、捨てるというモノのサイクルに、大きな矛盾を感じていました。

そこで、総合商社勤務時代にこうした中古品の輸出販売を検討したのですが、メーカーの売り上げに寄与しないため、総合商社の事業として行うのは不可能でした。商社もメーカーも中古品のリユースをやらないのであれば、自らやろうと考えたのが起業のきっかけです。

世界的にみると、日本人は品質に対して最も厳しく、日本製のアイテムは世界で高く評価されています。たとえば、フィリピンでは、日本のモノであれば多少の傷があったとしても、中国製の新品より高く売れます。日本製の中古のほうが質がよく、長持ちすることが知られているからです。

中古品を海外へ輸出するにはコストもかかるため、利益に大きな期待はできませんが、需要が多く数も売れるので、地球規模でゴミを減らすことが可能です。つまり、日本製の優れたオフィス用品を循環させることができれば、環境負荷を抑えた循環型社会の構築、高品質なモノのシェアリングエコノミーを増進できるというわけです。日本の大企業から発展途上国の小さな企業まで、それぞれがよいモノを使える。それが、私の考える社会の理想像です。

レンタルと賃貸のいいとこどりで、オフィスの開設を支援

2015年、当社では「どこでもお気軽オフィス」という新たなサービスを開始しました。これは、私たちが持っているオフィス用品などのビジネス資産とビルの空き物件を組み合わせて〝ワークスペース〟を貸し出すというもの。ユーザーは、自分たちの好きな立地、条件の物件を選び、そこに私たちがリユースや新品のオフィス用品を使って、希望にそったオフィスづくりを行います。もちろん、オフィス機器やインテリアも自由に選べます。

イメージとしては、レンタルオフィスやシェアリングスペースが近いかもしれません。しかし、それらの場合、場所や設備は既存の

リユース品や新品を織り交ぜて、働きやすいレイアウトとデザイン性を兼ね備えた好立地オフィスをスピーディに提案する「どこでもお気軽オフィス」。

選択肢だけ。「どこでもお気軽オフィス」の場合は、ユーザーの自由度が高いのが特徴です。また、当社の中古オフィス機器を導入することで、初期費用が抑えられるのも利点です。ですが、最大のメリットは、イニシャルコストがかからないことでしょう。

賃貸ではユーザーが自由に物件を選べるものの、入居する際に多額の保証金が必要です。初期費用が高いため、開業はもちろん、オフィスの拡張や縮小も楽ではありません。私たちが考えているのは、レンタルオフィスと賃貸のいいとこどり。賃貸のように、自分たちの好きな場所、サイズ、インテリアを実現する一方で、保証金や内装費といった初期費用はこちらが払い、月額に平準化する。イニシャルコストのないオフィスの誕生です。

当社にはありとあらゆるオフィス用品の在庫があるため、希望にそった空間づくりには自信があります。費用がかかる場合もありますが、新品を取り入れることも、嗜好性を求めることだって可能です。イニシャルコストは抑えつつ、自分たちの希望通りのオフィスを借りられて、移転も気軽にできる。こうしたメリットは、ユーザーとなる企業の活性化に大きく寄与するはずです。

「どこでもお気軽オフィス」は、2016年に50軒、2020年までには都内を中心に1000軒に増やしたいと考えています。立地や広さなどさまざまな条件のオフィスを所有しておけば、多くの企業に流動的にオフィスを構えてもらうことができるでしょう。そのときどきの状況に合わせたオフィスへ、ダンボールだけを持って気軽に移転できる。そんな仕組みをつくりたいですね。

あらゆる企業がオフィスを借りやすい世の中に

このようなオフィス提供の事業を立ち上げるにあたって、注目したい世の中の機運が２つあります。

一つは、流動的な経営をしようとする企業が増え始めていることです。そのきっかけは、２０１１年の大震災や、２０２０年に予定されている東京オリンピックなどでしょう。資産を抱え込まずにレンタルを活用して身軽になれば、すばやい経営判断が可能になり、オフィスの開設もしやすくなります。オリンピックまでというような短期的なプロジェクトにも勝機を逃さず着手できることから、企業の意識は明らかに変わってきています。

もう一つは、国際会計基準の変更による、企業の固定資産減らしが進んでいることです。大半のオフィス用品は固定資産に計上する必要があるため、資材や機械を購入するのではなく、レンタルする企業が増えているのです。法人は資産を所有するのではなく、レンタルでまかなうほうが経営しやすい時代になったということです。

「どこでもお気軽オフィス」事業の客層として想定しているのは、短期プロジェクト用のオフィスを必要とする企業や、拡張に伴い移転を繰り返すベンチャー企業、そして、新たに創業しようとしているインバウンド企業です。

日本で外国人が住居を借りるのが難しいことはよく知られていますが、インバウンドの企業が創業する際に事務所を借りるのもかなり難しいのが現状です。日本で働く外国人が増えれば、外国人がオフィスを借りるケースも当然増えますが、まだ理解が進んでいないのです。ですが、私たちが間に入ることで、オーナーの意識を変えていくことができると思っています。インバウンドを含め、多くの企業がオフィスを借りやすい世の中というのも私の理想の一つです。

起業・成長しやすい環境を提供することで、日本の活性化に寄与したい

日本の今後を考えると、新しいモノをつくってGDPで勝負することよりも、品質にこだわる日本人の価値観や日本製のいいモノを世界へ伝えていくことを重視すべきではないでしょうか。加速するインバウンドの流れの中で、先進国や発展途上国の垣根を越えて、日本のいいモノを長く使うという考えが広がってほしいと思っています。

さらには、日本自体を活性化させるためにも、開業率を欧米並みの10%にまで引き上げたいという思いもあります。新しい企業や成長する企業、インバウンドの創業が増えれば、空室問題をはじめ、日本が抱えるさまざまな問題の解決にも寄与するはず。そのためには、スムーズな開業を支援する仕組みが必要です。だからこそ、リユースや「どこでもお気軽オフィス」などのサービスを提供し、開業時の資金不足や大企業尊重の風土といった荒波から企業を守る〝防波堤〟となる。これこそが私たちの目標とするところです。

不動産を動産に――空きスペースの有効活用で、ライフスタイルがもっと自由に

株式会社エイチ　代表取締役社長　伏見　匡矩

エイチからの提案

- **一つの空間に複数の役割を与えて細分化し、インターネットで気軽に貸し出しできるサービスを提供**
- **空間に物という付加価値をつけて、利便性を大幅に向上させる**
- **空間や物が効率的に循環する社会モデルの創出が、日本が抱えるさまざまな問題解決の糸口に**

Company Profile 株式会社エイチ

インターネットを通じて、飲食店や会議室などの空きスペースの貸し出しや借り受けを気軽に行える“スペースレンタル”システムを運営しています。代表は、ベビー用品やプロジェクター、カメラ、ドレスなどのレンタル事業を手がける株式会社ココロイロも同時に運営。空間と物が生み出す相乗効果を期待しています。その目指す未来は、“循環型”の社会。現在のように、利益を第一に投資を繰り返すだけでなく、空間や物を循環させることで、人々が豊かに暮らす社会です。空きスペースのレンタルという考え方は、空室問題の解消だけでなく、現在、日本が抱えているさまざまな問題解決のヒントにもなりそうです。

スペースを循環させるインターネットサービス「エイチ」

私が理想としているのは、〝循環型社会〟。空間や人材、資源といったリソースが同一の使用者や場所に固定されることなく、流動的に動き、効率的に回っていく社会モデルをつくりたいと考えています。現在の日本は、物をつくっては壊し、GDPを上げるために、ひたすら投資をするスタイルをとっています。しかし、避けられない少子高齢化の流れの中では、利益第一主義の考え方から離れる必要があると考えています。

エイチも、そのような思いの中で誕生した企業です。当社は、カフェの一角や会議室の

日常版のAirbnb－
「エイチ　https://eichiii.com」
スマホで手軽にスペース確保。
最短1分で空いているスペースを
検索・予約できるサービスだ。

一室など、あらゆる空きスペースの情報を集約して掲載し、ユーザーが簡単に予約できるインターネットサービス「eichiii（エイチ）」を提供しています。

「エイチ」を手がけるきっかけは、自分自身の悩みを解消するためでした。特定のオフィスを設けていない私は、ビジネスパートナーと軽く打ち合わせをしようと思ったときに、その場所に困ることが多かったのです。近場の喫茶店が満席で入れないことは日常茶飯事。社外秘の話をするときは個室が必要となりますが、貸し会議室は割高です。また、出先での空き時間に作業を進めようと思った際の場所を探すのにも、常に頭を悩ませていました。

そんなある日の午前中、偶然立ち寄った港区界隈のダイニングバーがガラガラだったことがあったのです。そのとき、閃きました。店舗は空いている場所を気軽に貸し出すことができ、ユーザーがそれをネットで気軽に予約できるサービスがあると便利だなと。たとえば、居酒屋の個室を打ち合わせ用のスペースとして貸し出してもいいし、広いフロアをコワーキングスペースとして提供してもいい。店側は空いているスペースを活用して利用料金を得られますし、ユーザー側は必要なときに必要な場所を借りられて、お互いにメリットを受けられます。これが「エイチ」のきっかけとなったアイデアです。

つまり、「エイチ」は、空いているスペースを別の用途に利用するという〝循環〟を目的としたサービスなのです。さらには、このシステムに物のレンタルを組み込むことも想定しています。会議で必要なプロジェクターやパソコンも貸し出すことができれば、ユーザーの利便性はさらに向上するからです。このように、空間や物が循環するサイクルをつくり出せることがこのサービスのキモといえるでしょう。

２０１６年1月末時点で、「エイチ」には東京都内を中心におよそ１０００ヵ所が登録されていますが、２０１６年6月までに２０００ヵ所の登録を目標としています。また、会員数も開始からおよそ1ヵ月半で４０００人を突破。順調なペースで伸びています。

現在の課題としては、貸し出し側への認知不足があります。当社が提唱する〝スペースを分割してレンタルする〟という手法はこれまでにないスタイルですので、貸し出し側への周知が進まず、登録までのハードルが高いのです。そこで、ＳＥＯ（検索エンジン最適化）に力を入れるとともに、電話などで地道な営業活動を行っています。一方で、大々的なプロモーション活動も展開中です。その一つが、イベント事業。国民的イベントを手がけるビジネスパートナーと手を組み、空きスペースを活用したイベントを積極的に行うことも視野に入れ、知名度の向上と、空きスペースを利用するという考え方の啓蒙をねらっています。

ほかに解消すべき課題としては、これまでとは違った客層が来店することによるセキュリティへの不安、不慮の事故に対する保険などがあるでしょう。これらの問題についても、解決策を提供すべく、進めているところです。

循環型社会への気づきのきっかけ

じつは、「エイチ」は私が経営に関わった3社目の企業になります。

大学卒業後、大手の生活用品会社に勤め、マーケティング業務に携わっていた私は、入社式で社長に盾突くなど、今から思うと反骨心あふれる社員でした（笑）。しかし、サラリーマンとしては順調で、シンガポールに配属されるなど、出世の道は開けていたのです。

そんなある日、就職活動中に知り合った友人からリクルートの社内新規事業コンペ「New RING」に応募したいから力を貸してくれないかと声をかけられたのです。そこで生まれたサービスが、キュレーションサイトの先駆けとなるウェブサイト「ベストマニア」です。葛藤はありましたが、会社を退職し、「ベストマニア」を運営する株式会社エモーチオに取締役として参画。「ベストマニア」は当時、「Googleキラー」などと注目され、業績も順調に伸びていきました。

長女が誕生したのは、ちょうどその頃。彼女は次なる事業を考えるきっかけを与えてくれました。というのも、ベビー用品をそろえるうち、短期間しか使わないベビーカーやベビーベッドをわざわざ購入することに疑問を抱いたからです。そこから生まれたのが、ベビーカーやベビーベッドをはじめとしたベビー用品をレンタルするeコマースのサービス「ベビーレンタ」です。

事業を進めると同時に、循環型社会への思いも強くしました。私の娘をはじめ、次の世代にこの日本をつないでいくことを考えると、現状の社会モデルのままではいけないと思ったからです。お金を追い求め、新しい物をつくっては捨てていくのではなく、今ある資産を循環させることで、豊かな暮らしを提供したい。「ベビーレンタ」はそんな私の思いにぴったりの事業ですし、場所を提供する「エイチ」との親和性も高く、シナジー効果も十分にあると考えています。

空間に複数の役割を与える

私が目指している循環型の社会とは、世の中の余っている資産を有効に活用する社会。スペースという観点で言い換えるなら、不動産を動産として活用するという考え方です。

不動産というと、貸し出しのタームが長いのが一般的ですが、その理由は、貸し出すタームが長いほうが回収も楽で、運用しやすいからということがあげられます。私は、そのありかたを変えたいと思っているのです。

その背景にあるのはWEBの発達です。インターネットの普及は、不動産を瞬時に細切れにして、バラバラのピースとして提供することを可能にしました。たとえば、カフェという一つのスペースも、飲食施設やコワーキングスペース、パーティールームなどに細分化し、その場で借り手を募集することができるわけです。このように、空間に複数の役割を与えることで、スペースという資産は、さまざまな人がより広範囲に利用できる社会的資源として、効率的に循環していくのではないでしょうか。

ただし、空きスペースを有効に活用するには視点の転換が必要です。水が半分入ったコップを見て、「十分だ」と考える人と「半分しかない」と考える人がいますが、同じことがスペースにもいえるのです。たとえば、運用している物件が十分埋まっているように見えても、視点を変えると、もったいないほどに空いているということがあり得ます。また、そのスペースが持つ本来の目的とはまったく違う用途にニーズがあるということも…。

その点、「エイチ」で運営しているシステムはかなり柔軟に設計されていて、設備によっては宿やレッスン場などとしても利用できるようになっています。スペースを「使われている」か「使われていない」かに大別し、「使われている」ならユーザーがより予約を取りやすくなるように、「使われていない」なら別の用途で活用できるようにする、という合理性と利便性に長けたシステムといえるでしょう。

そして、スペースの活用は、人々が実際につながるコミュニティの創出にもつながります。インターネットは非常に便利で、今やビジネスには不可欠ともいえますが、直接顔を合わせる機会も必要です。現在はクラウドソーシングも流行っていますが、インターネット上でのやりとりに限界があることはみなさんもご承知のとおりです。こんなとき、スムーズにスペースを押さえられたら、クラウドソーシングの難点がカバーされ、自由な働き方ができる人も増えるはずです。

2020年、東京オリンピックが終わった後に、東京が部分的にゴーストタウン然となる可能性は高いと思われます。少子高齢化も加速する中、その対策を私たち若い世代が見出さなくて誰がするのでしょうか。こうした対策は、空室問題の解消だけでなく、女性の社会進出に必要な環境整備にもつながることで、ひいては労働力不足の問題や少子化問題解決の糸口になるかもしれません。そして、こうした抜本的な策は新しいスキームから生まれるものであり、その一つの形が循環型社会です。「エイチ」は、その実現の一助となれるはずだと、私は考えています。

第2章

街づくり

スペースに空きができるのは、そこに集う人がいないから。
空き家や空室を埋めようとするなら、家やマンション単体で
対策を考えるのではなく、それらが立地する街そのものに
人が集まるような“場”を生み出すことも一つの手です。

東京に残された最後の遊休地「屋上」に人が集まる場所を生み出す

UAO株式会社　代表取締役　伊藤 麻理

UAOの提案

- デッドスペース化しているビルの屋上に着目
- 建築とランドスケープを融合させ、コミュニティの場を創設
- 「耐震」「屋上活用」「財務サポート」を一体化することで、オーナーの負担を軽減

Company Profile **UAO 株式会社**

2006年、アトリエインクとして設立後、一級建築士事務所Urban Architecture Office.合同会社を経て、現在の社名へ。2007年「浄土宗正法寺本堂設計者選定競技 一等」、2008年「群馬県総合情報センター設計者選定競技　一等」などを受賞。同社が設計を手がけた「サイエンスヒルズこまつ」(2014年竣工)は、丘が連続するようなユニークなデザインと独創的なアイデアが話題を呼び、建築関連賞の最高峰「BCS賞」に選出されました。建築と風景の融合を目指す同社が注目するのは、都心の屋上。殺風景な屋上を、緑あふれる建築空間として生まれ変わらせ、保育所や病院などの施設を誘致。人が集まる場を生み出すことによる、空室問題の解決策を提案しています。

建物と自然を一体化した建築を目指す設計事務所

「UAO」は、建築とランドスケープ（「庭園」や「風景」を意味する英単語）の融合を目指し、建物を設計する建築設計事務所です。敷地や周辺環境などをよく観察して、課題を発見し、建物だけでなく、空間全体に何が必要であるかを常に意識しながら、設計することを方針としています。なかでも、緑との融合を積極的にしていきたいと考えています。なぜなら、そこにはコミュニケーションが生まれるからです。

私たちの代表的な作品に、2014年に竣工した公共施設「サイエンスヒルズこまつ」（石川県）があります。〝箱物〟などとよくいわれますが、確かに、従来の公共的な建物は、まさに「箱」といった面白みのないものがほとんどでした。しかし、私たちは、公共建築物も含め、建物とは愛される存在であるべきだという理念を持っています。「サイエンスヒルズこまつ」でも、建物という〝入れ物〟だけではなく、人が集まる公園のような〝場所〟をつくろうという案をコンペに提出し、採用されました。その場を公園にするには、どんな建物をつくればいいのかという順序で設計し、現在のような姿となったのです。

なぜ、公園にしたかったのか。それは、公園であれば、将来的に建物の利用目的が変わったとしても、人が集い、くつろげる場所として存在し続けられるからです。

上京して気づいた、緑のない東京の街

建築とランドスケープの融合に関心を持ち始めたのは、大学の建築学科に入学した頃のこと。栃木県の那須で自然に囲まれて育った私は、進学を機に出てきた東京で自然がないことにショックを受け、息苦しさを覚えました。こうした感覚がきっかけとなり、学生の頃から緑と建築をセットにして課題に取り組むようになったのです。

UAO設計事務所が手がけた「サイエンスヒルズこまつ」。自然の丘の中に、建物が潜むようなやさしいデザインの空間は、市民の憩いの場として愛されている。

建築とランドスケープの融合について本格的に関心を持ったのは、当時、建築界の最先端を走っていたオランダに渡り、現地の設計事務所で働いていた頃です。オランダの建築は前衛的で、特にランドスケープとの融合が盛んでした。

日本の建物では、ビルの周りに少しだけ木を植える程度でお茶を濁すことが多いのですが、オランダでは、建物の周囲にアートや自然を配置することが推奨され、近所や通りがかりの人が楽しめるスペースが必ず設けられていました。そういう場は、人が留まり、自然とコミュニケーションが生まれる場所になるもの。オランダでは、建築そのものが「街づくり」であり、「都市計画」なのです。

その空間を、本当にすばらしいと思いました。かつて、日本でも、軒先や縁側などの空間がコミュニケーションの場となっていましたが、今ではほとんど残っていません。日本では消失してしまった道と家の中間領域、つまり人が集まる場所が、オランダにはまだあったのです。

東京に残された未開の大自然「屋上」

オランダで4年ほど働き、ひと通りの仕事をこなせるようになった後、帰国。日本での活動を開始した私は、ふと、ビルの屋上に感心を持ちました。それが、空室問題に取り組み始めたきっかけです。

上京した頃から思っていましたが、東京にあるのは人工物の塊ばかり。街中で空を見上げても、目に入ってくるのはエアコンの室外機ばかりです。しかし、ビルの屋上というのは、じつは東京で一番の一等地といってもいいスペースです。太陽の光が当たり、風が吹き抜け、空白のスペースもたくさんある。そこで、屋上を利用して、建物とランドスケープを融合し、人が集まるような空間をつくれないだろうかと思ったのです。きっとそこには人が集まり、コミュニケーションが生まれ、ひいては空室問題の解消にもつながると考えました。

もちろん、ソーラーパネルを設置したり、緑化を謳って緑が植えられている屋上もありますが、基本的に、部外者は利用できません。最も自然を享受できて、最も過ごしやすい場所を使うことができない。それは、本当に残念なことです。とはいえ、屋上に簡単に建物を増築できるかというと、そうではありません。日本には建物の高さを制限する斜線制限や、土地に対して建物の大きさを決めた容積率制限など、厳しい建築基準法の壁があるからです。

そこで、「まずは、建物の構造をしっかりとさせなければならない」と、日本で最も優れた構造設計事務所の一つである「金箱構造設計事務所」に相談。それがきっかけで、東京工業大学、東急建設、当社の3社1学による屋上活用プロジェクトがスタートしました。

現在進めているのが、都内に数千棟単位で取り残されている旧耐震のビルを、増築によって耐震性能を確保し、屋上を建築とランドスケープが融合する魅力的なレンタブル空間としてリノベーションすること。東京都と経済産業省の技術助成も受けています。

具体的には、まずは既存の屋上を減築し、そこに免震装置と軽量な2層の建造物を増築します。免震装置の上に載せた増築屋上の重さで、揺れを吸収し、マスダンパーでビル全体の震動を抑制するという技術です。

建物全体の重さが変わらないため、基礎の補強も不要です。この方法で、東京の減災に備えつつ、東京に残った最後の遊休地である屋上を、第2の大地として生かしていきたいと考えています。

ビルのオーナーの資金問題も解決するスキーム

私たちが考える建築法には、2つのメリットがあります。一つは、耐震が不安なビルを新耐震基準に適合させられること。もう一つは、屋上を人が集まる場にすることによって、ビル全体の価値を向上させられるということです。

もちろん、大がかりな工事になりますので、まとまった資金が必要です。私たちは、その解消法も用意しています。

現在、東京都は、オリンピックが開催される2020年までに旧耐震ビルをすべて新耐震にするという方針を打ち出しています。ところが、新耐震基準に対応できていないビルは、まだ数多く残っています。その最たる理由は、単純な資金不足。基本的に国は3割の耐震コストを補助していますが、残りの7割を捻出できないオーナーが多いのです。なぜなら、古いビルは、担保不足からローンを組めず、すべてを自己資金でまかなう必要があるからです。そこで、私たちは、この工法の提案に向けて、投資家などの第三者投資による財務サポートもシステム化しました。これにより、オーナーは自己資金ゼロで耐震化することができ、さらには屋上の収益も上げられるようになるというわけです。

もちろん、課題はあります。一つは、日本の建築基準法の厳しさ。私たちの技術はまだ事例が少ないため、国土交通省から「大臣認定」をとる必要があります。そうすると、10階建て以下のビルでも、超高層ビルと同等のデータを求められることになり、本来なら3ヵ月で許可がおりるものが、1年近くもかかるのです。

地震大国である以上、安全を重んじるのも大切です。しかし、私はオランダで、「可能性にかけて、前例のない提案をする」ことの大切さを学びました。今後は行政に認可を早めるよう働きかけつつ、ビルのオーナーたちに、屋上の有効活用を呼びかけていくつもりです。

そして、その場所には保育所や病院、介護施設などがどんどん入っていくことでしょう。そこには、コミュニケーションが生まれます。車の通らないビルの屋上で、子どもたちはのびのびと遊び、子どもの保護者や、その友人たちが集まる。こうしてコミュニティが生まれ、さらに集う人が増えていくはずです。

UAO株式会社

屋上に建築とランドスケープをつくり、コミュニティの場として、再生産する。そこに、古いビルの空室問題を解消するきっかけがあると信じています。オランダで目の当たりにした前向きな姿勢。私も同じく挑戦的に、たくさんのコミュニケーションが生まれる空間をこれからもつくり出していきたいと思います。

関わり合うすべての人に喜びを――
利他の精神で、空室に人を呼び込む

ココチ不動産株式会社　代表取締役　**原 和彦**

ココチ不動産からの提案

- お客さまの目線に立ち、
正確な情報をオープンに伝える
- 空室に悩むオーナーが一番にすべきことは、
信頼できる不動産業者を探すこと
- 物件単位だけでなく、
街全体の活性化を視野に入れた活動を

Company Profile **ココチ不動産株式会社**

大阪市東淀川区に店舗を構える「ココチ不動産」は、2008年設立。不動産物件の仲介をはじめ、管理、リフォーム、飲食事業など、幅広く業務を展開し、オーナーと借り主を結びつけることによる空室問題の解消を目指しています。ホームページは、子どもの頃からデザインすることが好きだったという代表の手によるもの。“夜景を楽しむ”、“高層階に住みたい”など、テーマごとに部屋を紹介するなど、ユーザー目線に立った物件の見せ方にこだわっています。そこからも読み取れるように、同社の姿勢は顧客とオーナーが第一。賃貸、売買、リフォームを問わず、同社の取引に関わったすべての人から喜ばれるよう、真摯な姿勢で業務にあたっています。

経営の信条は「正確な情報をオープンに提供すること」

私が不動産業を志したのは、快適な住まいや、訪れた人がリラックスできる店舗など、心地よい空間づくりのお手伝いをしたいという思いからです。

高校を卒業し、電気工事の会社に勤務した後に、全国で店舗を展開する大手不動産会社に入社した私は、初年度から、配属された大阪府内の店舗でトップの成績をおさめました。将来も期待され、いずれは東京の主要店舗に転勤となるルートでしたが、家を建てたいという強い希望があったので、転勤のない地元の不動産屋へ転職。その後、店舗の代替わりのタイミングで、2008年にココチ不動産を立ち上げて独立しました。

大阪市の東淀川区に構えたオフィスは、一般的な古い事務所をリノベーションしたものです。駅から5分ぐらい離れていて、不動産屋としては少し不利な立地なのですが、そこを見た瞬間、「お客さまがカフェのように落ち着いて部屋探しができるオフィスをつくれる」というイメージがわいてきたのです。余分な壁を取り払い、天井のコンクリートはあえてむき出しにするなどして開放感を演出しました。立地が不利な分、広さは十分。ねらい通り、部屋探しに訪れた方からは、心地よく時を過ごせる空間として好評です。

起業当初の主な業務内容は、賃貸物件の仲介と管理でした。営業方針は、常にお客さまに正直であろうとすること。不動産広告にありがちな誇大広告を打たず、正確な情報をオープンに提供して、納得して物件を決めてもらえるまで、じっくりとお付き合いすることを心がけています。


物件のオーナーに対しても、同じスタンスです。当社では、東淀川区でおよそ50棟の賃貸物件を管理しています。物件の管理を請け負うにあたって、強引な営業をかけたことはありません。ご相談を受けたら改善点をアドバイスし、私たちのプランを説明して、納得していただいた上で管理を任せていただくことがほとんどです。実績を評価され、オーナー同士や、銀行からの紹介で管理を依頼されることもよくあります。

また、お預かりした物件は、必ず「レインズ」（不動産物件の情報を、業者が共有できるシステム）に登録しています。じつは、不動産業者の中には、自社で囲い込んで差別化するため、レインズに登録しない人も少なくありません。しかし、レインズに登録したほうが、集客しやすいことは明らかです。当社では、物件の情報ではなく、サービスで差別化することを目指しているので、レインズへの登録を行っています。

誠実に人に向き合う姿勢が事業の拡大につながる

もともとは賃貸の仲介をメインに手がけていましたが、売買物件の仲介業務も増えてきました。特に、物件売却のノウハウを提供する「売却の窓口」に加盟したことで、案件は増加しています。売買に力を入れるに当たってはリノベーションも大切だと考えていますので、お客さまの求める空間づくりに定評のある「リノべる。」と提携。その流れで、リノベーションやリフォームのご依頼もとても多くなりました。

もちろん、売却事業においても、誠実であろうと心がけています。なぜなら、取引に関わったすべての人が、得をするようにしたい

和の庭を眺めながら、のんびりとイタリアンを楽しめる「ココチキッチン奈良狐井」（住所：奈良県香芝市狐井613　電話番号：0745-44-8275 Web：http://www.cocochi-kitchen.com/）

から。自分が大きな利益を得ることよりも、工事業者も、オーナーも、ユーザーも喜ぶような取引ができることのほうが私にとって大切だからです。そして、こうした思いは事業にもつながっていきます。

その一つが、昨年から開始した建売事業です。こちらは、自分が住むエリアの土地を見知らぬ人に売買されて、非常識な建て方をされたくないという地域の方の「不安だから、ココチ不動産さんで引き受けてくれない?」という声を受けたことから、手がけることになりました。

同様に、古民家の有効活用のご相談を受けたご縁から、奈良県香芝市にイタリアンを提供する古民家ダイニング「ココチキッチン奈良狐井」もオープンさせ、飲食業も手がけることに。

こちらの店舗は、土地が800坪ほどある邸宅。賃貸マンション売却のご依頼がきっかけで、「実家の庭園を未来に残していきたいので、広い土地建物の税金や維持費をまかなえるような借り手の方を探してほしい」とのご相談を受けた物件でした。1年間募集したものの借り手が見つからなかったため、長年の念願でもあった飲食業界への進出を決意し、借り受けることにしたのです。私の趣味は食べ歩き。ですから、じつはこの立地を見た時点で、どんな店舗をつくればよいのかイメージがわいていました。

もともとあった庭園を整備し、内装をレストラン用に整え、シェフを採用し、着々と準備を整え、2015年の9月にグランドオープンしました。オペレーションの洗練化も必要ですし、スロースタートでよいかなと思っていたのですが、口コミで評判が広がり、あっという間に、多数のお客さまに訪れていただけるようになりました。

こんなふうに、私の始める事業は、そのときの流れで必要なこと、パートナーとしてともに動いてくれているみなさんからの声を受けて、スタートするものが増えてきています。

信頼できるパートナー探しはSNSで

不動産業者としては当たり前のことですが、私は空室をどう埋めるかを常に考えています。空室に困るオーナーにとって、必要なこととはなんでしょうか。自分でいうのも僭越ですが、信頼できる不動産屋を見つけることだと思います。

不動産業者の中には、昔ながらの縁に甘えて、当然すべきことをしていない業者もあります。たとえば、お客さまに物件を案内する書面です。物件の間取り図はいいかげんで、情報もデタラメな内容で案内をしている不動産業者もまだまだあります。ほかの不動産屋も、そんないいかげんな情報しかない物件を、お客さまに案内しようと思わないでしょう。だからこそ当社では、ほかの業者の方がお客さまに案内しやすいよう、見やすい資料づくりを心がけています。

また、管理物件に手を入れない業者もたくさんあります。私たちが管理を請け負ったときに、まず手をつけるのが、共用部の整理です。ゴミを片付け、不要な設備を撤去し、見た目を整える。それだけでマンションのイメージはまったく変わってくるのですが、それに気がつかない業者もいるのです。

さらに、空いている部屋のリノベーションも重要です。ほんのちょっとしたことで、部屋は生まれ変わります。見た目が野暮になるような線があれば隠すように工事し、床材やクロスを少し質のよいものにするだけでも、雰囲気はガラッと変わります。多額の費用をかけなくても、ユーザー目線に立って「どんな部屋に住みたいか」と考え、手を入れるだけで、ほかの物件との差別化ができるのです。こうした物件を同じ地域の相場通りに賃貸に出せば、お客さまに案内される確率はぐんと上がります。くわえて、私たちが所有・管理する物件では、高速インターネット回線を無料で提供したり、防犯カメラを設置するなど、ほかの物件よりも、大きくアドバンテージをとれるようにしています。

もし、それでも決まらないような難しいエリアだったら、部屋や外観に少し手の込んだリフォームを施す必要があるかもしれません。ただし、リフォームの際に気をつけていただきたいことがあります。それは、多額の費用をかけないようにするということ。一般的な物件を数百万円もかけてリフォームする方がいますが、それによって上乗せできる賃料はわずかなものです。それでは、投資を回収できませんし、経営も傾いてしまいます。

結局、大切なのは、空いている部屋を埋めるために、そして、現在の良質な入居者に利用し続けてもらうためにはどのような施策をすればよいのか、また、どれくらいの投資が適切なのか。そうしたことについて親身に相談にのってくれるパートナー、つまり不動産業者を探すことに行き着くのです。

では、信頼できる業者を見つけるにはどうすればよいでしょうか。私は、インターネットの活用をおすすめしたいと思います。顧客のことを第一に思って積極的に活動している人は、「Facebook」などのSNSやブログで情報発信している確率が高いからです。自分の地域で業者の方を見つけたら、過去の投稿をさかのぼって、人となりを見極めてはいかがでしょうか。人間性は言葉のはしばしに表れるもの。ご自身の感覚で、実際に会ってみたいという人がいたら、コンタクトを取って、どんどん相談していきましょう。

そして、空室問題の解決には、街全体の活性化もカギになると考えています。大阪市では、中崎町や昭和町の長屋に店舗を誘致して街を活性化させる動きがありますが、そうした草の根の活動が必要なのです。当社のある東淀川区でも、私たちが管理する物件だけに人が集まっても意味がありません。街全体を住みやすい環境に変えていくことも、今後は必要になってくると思っています。

その街らしく、愛着を持って暮らせる建物つくりが空室だらけの物件を甦らせる

株式会社NENGO
代表取締役社長
的場 敏行

NENGOからの提案

- 古い物件の空室は、
  入居者を決めてからリノベーション。
  ムダな投資を必要としない仕組みをつくる
- 入居者自身が設計から携わることで、
  長く、愛着を持って暮らせる建物をつくる
- 100年後にありたい街を考えることで、
  その街ならではの暮らし方ができる部屋にする

Company Profile　株式会社NENGO

現代表の父親が創業したオリエンタル産業株式会社が行っていた耐火被覆事業から業容を拡大。快適な温熱環境を提案する断熱工事から、心地よい空間を提案するポーターズペイントの販売や塗装工事と業務を拡大。現在は戸建ての建築からマンションのリノベーション、豊かな暮らしを提案する不動産事業などを手がけています。「目の前の人を幸せに」という思いから、社員を大切にする社風も特徴で、離婚休暇をはじめとするユニークな制度を設けています。

デベロッパー主導の街つくりを変えたい

私は以前、フォーシーズンズホテル 椿山荘東京（現ホテル椿山荘東京）のホテルマンをしていたことがあります。そのとき一緒に働いていた同僚は、お客さまに喜んでもらうことが大好きな人たちばかりでした。たとえ給料が安くても、「ありがとう」という言葉をもらえれば頑張っていけると考えている人たちです。

その後、父の創業したこの会社に入社し、建設業、不動産業に入ってまず思ったのが、自分の利益を優先しがちな人が多いということです。ホテル業に就いていたときとのギャップに驚きつつ、この業界全体の風潮を変えたいと強く思いました。

不動産は、人生で一番といっていいほどの大きな買い物です。そこに携わる人間が自分の利益第一であってはいけない。まず目の前のお客さまを幸せにしないでどうする、と思ったのです。NENGOの一番の理念は、「企業活動を通じて世のため人のために貢献する」ということ。簡単にいうと、目の前の人をいつも幸せにしよう、ということです。

そして、この会社のミッションは、その土地の気候、風土、歴史、文化を読み込んで、その土地〝らしさ〟をつくること。それによって「その土地に住みたい」「遊びに行きたい」「働きに行きたい」という動機をつくり出すことが我々の使命だと考えています。

〝らしさ〟をつくることがなぜ必要なのか。たとえば、私たちがパリやローマに遊びに行くとき、そこにパリらしさ、ローマらしさを求めます。パリに遊びに行って、そこに日本を模した街並みがあったらがっかりしてしまうでしょう。

しかし、戦後を経た日本からは、日本らしさがどんどん失われています。グローバル化が進むほど、日本が日本であることの価値は増します。にもかかわらず、それを忘れて西洋風、欧風な建築物などがどんどん建てられていく…非常にもったいないと思います。加えて〝街らしさ〟もどんどん失われています。今やどの駅の周りにもナショナルチェーン店が並び、同じような街並みが広がっています。そんな街つくりをしているのが、現在の不動産建設業界です。基本的にデベロッパーが街つくりを考え、その下請けで建設や設計事務所が動きます。ところがデベロッパーは建築や街つくりを学んでいないことが多いため、建物や景観への思い入れに欠けるのです。こうしたデベロッパーが主導する構造が変わらない限り、街の風景は変わりません。その街つくりを先頭に立って変えていこうというのが、我々の最もやりたいことです。

一つの部屋から街全体へ。街を変える部屋つくり

当社にはいくつもの事業部があり、そのすべてが、先ほどのミッションに向かって、家つくり、街つくりを進めています。たとえば、マンションのひと部屋をリノベーションするときにも、我々はその土地の気候、風土、歴史、文化を読み込み、この街が将来どうなるべきかを考えて、部屋つくりを行います。そうすることで、その地域で住みやすい部屋になり、地域ならではの暮らし方ができるようになるでしょう。

とある分譲マンションのひと部屋をそのようにリノベーションしたところ、「NENGOさんの考えでマンションの大規模修繕やってほしい」という依頼があり、今では、建て替えの依頼までいただいています。そうして一つの部屋が横につながっていけば、いずれ街が変わります。我々はそこを目指しているのです。そして、現在は、横浜市港北区の再開発におけるグランドデザイン事業を請けるなど、直接的な大規模開発にも関わるようになっています。

年月とともに価値が増す建物をつくる

父の会社に入った際、私は、不動産業界だけでなく、日本の住宅の仕組みにも問題があると感じました。じつは、日本の木造住宅は、金融的な視点からみると、20年も経てば資産価値はゼロになります。子どもが小さいときに買った建売住宅は、その子の独立後にはすでに価値がなくなっているのです。その状況を変えるためにも、古くなったものは壊してまた建て直せばいいという考えをなくしたいと思いました。

そこで、住まいに興味を持ってもらう仕掛けをしようと考え、14年前に始めたのが、ポーターズペイントの販売です。インテリアのペイントを家族で行うことによって、家に対する愛着がわき、家族の絆も育めるだろうと考えたのです。ですが、そもそも日本にはインテリアペイントの文化がなかったため、販売当初はなかなか売れませんでした。

それなら自分たちで建築からやろうと、その後、工務店事業も始めました。住むことで住教育もできる物件を、自分たちで一からつくろうと考えたのです。しかし、ご依頼いただくのは設計事務所の下請けばかり。お客さまからの直接受注なくしては、我々のやりたい家つくり、街つくりはできないと考え、次に手がけたのが、「おんぼろ不動産マーケット」という不動産仲介＋リノベーション事業。中古不動産専門の売買サイトとしては日本初のサイトになります。

この事業では、中古不動産をユーザーに購入していただき、自分たちの思い描いた住まい方ができるよう、購入からリノベーションまでワンストップで行います。これが、たとえ中古物件でも、自分らしく思い通りの住み方をしたいという層に大きな支持を受け、安心して中古物件を購入してもらえるようになりました。この「おんぼろ不動産マーケット」の成功を踏まえ、新たに手がけたのが、「仕立てる賃貸」です。これが、まさに空室を埋めるための策でした。

入居者の設計する部屋が、建物全体の空室解消につながる

「仕立てる賃貸」は、古くてなかなか借り手が見つからない部屋に、入居者を先に決めてから、入居者の意見も入れてリノベーションし、住んでもらうという仕組みです。入居者が入るかどうかわからない段階でリノベーションするのはリスキーで、躊躇するオーナーも多いかと思いますが、入居者が決まっていれば、安心して投資できます。また、当社が

扱っている物件の入居者は、建築家やデザイナーが多いのも特徴です。

特に若手の建築家、デザイナーは、金銭的な事情で、自身で設計した家に自分で住むといった機会がありません。ですがこの仕組みを使えば、それが可能になる。オーナー側にとっては、入居者が設計をしてくれるわけですから、設計費用が浮くというメリットがあります。さらに、入居者は自分で設計して住むため、思い入れを持って、長く、きれいに住んでくれるでしょう。入居者がショールームやサンプルルームとして自分のお客さまをその部屋に呼んだり、同じ建物に仲間を引き入れることもあります。ひと部屋を「仕立てる賃貸」で手がけることで、その建物全体が変わっていくのです。

借り手が見つかりにくかった“光と風が通らない”部屋をリノベーション。立地を生かして風と光を取り入れることで、明るくあたたかな部屋に生まれ変わらせ、人を呼び寄せた。

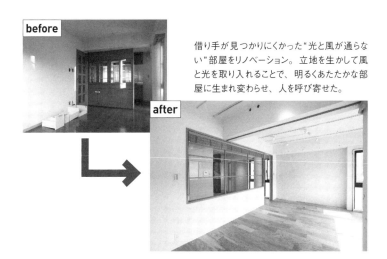

我々は、「仕立てる賃貸」で部屋をつくるときも、その街がどうなるべきかを考えて、入居者（建築家やデザイナー）に設計してもらいます。この方法はオーナーにもうけていて、彼らの中から未来の巨匠が出るかもしれないと、そのあたりも期待しています（笑）。

お客さまの立場に立つことが、空室解消のアイデアにつながる

以前、家賃3万円でも入居者が見つからない古いアパートの案件を手がけたことがあります。お風呂もシャワーもないアパートに、シャワーをつけてほしいという依頼でした。しかし、我々は物件を見に行って、「そこじゃないな」と思いました。シャワーをつけたところで、入居者が集まるとは決して思えなかったのです。

そこで、その中のひと部屋をつぶして、思い切って大浴場にしました。隣にオーナーが住んでいたので、管理はオーナーにお願いしました。すると、自然と入居者同士で裸の付き合いが始まり、入居者とオーナーの間にもコミュニケーションが生まれたのです。自宅のお風呂よりも立派で広いと、オーナーも喜んでそのお風呂を使っています。気づけば、家賃がほぼ倍になって、すぐにフル稼働しました。

こうしたアイデアは、お客さまの立場になって考えると見えてくるもの。「仕立てる賃

貸」も、我々のお客さまであるオーナーがリノベーション後に本当に入居者が入ってくれるかどうかを心配しているのを見て、「じゃあ先に入居者を決めましょう」と始まった試みです。

お客さまという目の前の人を幸せにすること、街を読み込み、その街らしさを考えること…。我々の家つくり、街つくりはそこから始まるのです。

クリニック施設の開業のワンストップ支援で地域医療の充実と空きビル問題の解消に貢献

株式会社Le・Reve　代表取締役　増永 充浩

Le・Reveからの提案

- 内装工事業務サービスの一環として、物件探しからクライアントに関わるビジネスモデルを構築
- 専門性の高い物件探しやサービスを展開すべく、今後大阪が必要とするクリニックに着目
- クリニックの開設とブランディングの支援を通じて、医療施設充実と空室問題解消を図る

Company Profile **株式会社Le・Reve** (ル・レーヴ)

2010年に開設した店舗の内装工事全般を行う工務店です。内装の提案から開店後の修理・増築まで、内装工事に関するあらゆるサポートや開業後のアフターフォローを一貫して行う「店舗施工PRO」を実施。施工例として、居酒屋、レストラン、カフェなどの飲食店から、介護施設、事務所まで幅広い実績があります。今後はクリニック施工に特化したサービスとして、「クリニック施工PRO」を展開予定。「クリニック施工PRO」では、従来の「店舗施工PRO」サービスと同じく、希望にそったおすすめの物件を紹介するほか、低価格で購入できる医療機器の情報なども提供していく予定です。

内装工事を確実に受注するためのビジネスモデル

「Ｌｅ・Ｒｅｖｅ」は、店舗の内装業全般を行う大阪の工務店です。当社では、店舗の内装工事だけでなく、融資サポート、物件紹介、税理士や社会労務士など、業種に合わせた専門士業の紹介など、開業のためのすべてに関わるサービス「店舗施工ＰＲＯ」を提供しています。料金体系としては、いただくのは内装工事のみで、その他に関しては、付随サービスの一環として行っています。

「店舗施工ＰＲＯ」を開始したきっかけは、内装工事を確実に受注するためでした。デザイン性を強みにしている建築事務所と違って、内装業は価格だけを見られがちです。仕上がりの品質には差が出にくいため、価格が最重要視されてしまうのです。そのため、見積もりを送らせていただいても、そのまま連絡がこないこともよくありました。

加えて大阪という土地柄の問題もあります。私は大阪・道頓堀の出身なのですが、やはり何においても大阪は安さありきの地域です。以前、全国展開されているフランチャイズの店舗の工事に携わったところ、「価格は安いのに、品質は高い。なんていい工務店なんだ」と驚かれたことがあります。全国的にみても、大阪が最も単価が安いということの証左でしょう。

そうした中で、価格競争に陥らずに受注を増やすためにはどうしたらよいのだろうと考えた結果、融資サポートや物件の紹介から内装、アフターサービスまでを一貫して行うビジネスモデルをつくるに至りました。それが当社の「店舗施工PRO」です。

依頼主からしてみれば、内装工事はあくまで開店へ至るフローの一つでしかなく、そこで3社、4社の見積もりをとってから発注となると、なかなか成約率が少ないのが現状です。そこを逆手にとり、店舗を開業したい方に対して、物件を探すという最初の段階からワンストップでサポートしていけるのが、当社の強みといえるでしょう。

実績年数の壁を打破する、ベンチャーならではの集客法

もう一つ、当社の特徴としてあげられるのは、工務店には珍しく、ウェブサイトから集客を行っていることです。現在は、約半数ほどのお客さまがインターネット経由で当社を利用しています。

私は、ちょうどリーマンショックがあった2008年に就職し、社会人1年目となった年代です。もともと内装に興味があったというより、独立心が先だったため、用具さえそ

ろえれば開業できる清掃業での丁稚奉公を始め、清掃のついでに簡単な工事も受けるようになった経緯で、内装工事業として独立しました。ノウハウも経験もお金も人も何もない状態からスタートしたのです。こうした状況の中で自分の仕事を確立していくには、人とのつながりが最も大切でした。何の人脈もなかったときに、より多くの方、異業種の方とも交流させていただく手段として活用したのが、ソーシャルネットワークです。そのおかげでＩＴ業界で独立している方とも出会いがあり、アドバイスを受けながらインターネットでの集客を始めました。これが、まだ実績のない私の会社にはうってつけの方法だったのです。

というのも、建設業や工務店は古い業界で、中心となる年齢層が高く、価格に次いで実績年数を問われがちです。やはり、「ずっとお付き合いしている業者さんがいい」というお客さまは多く、当社のようなベンチャー企業には、実績、在籍人数、ノウハウなど、努力や能力では乗り越えられない年数の壁があるのです。単純な営業活動では、何年たっても長年のノウハウや実績があるところには勝てません。一方で、受注スタイルが固定化されており、年齢層も高いことから、インターネットを集客に活用している工務店はごくわずか。インターネット上に限れば、競争相手がいないも同然というわけです。「店舗施工ＰＲＯ」という独自のサービスとも相まって、実績年数という障壁を打破することができました。

「店舗施工PRO」のノウハウを社会貢献に生かす

これまで内装工事事業をやってみて思うのは、需要ありきの業界なので、どうしても仕事が受け身になりがちだということです。そのため、今後のことを考えると、需要をつくる立場になる必要があると感じています。たとえるなら、内装工事を需要が流れてくる川下側だとすると、川上側に回らないといけません。

そして、もう一つ思うのは、仕事を通じて社会に貢献したいということです。自分たちの仕事が社会貢献につながっていると思えば、従業員のやる気も変わるでしょう。社会福祉活動に貢献できるような需要の担い手になる。この思いは常に持っています。そこで、あくまで本業は内装工事ですが、工事に関わるところで、何か社会の問題を解決できるような方法はないかと考えるようになりました。こうして、他の工務店がやっていないことに着手しようとしたとき、クリニックに特化した「クリニック施工PRO」のアイデアにたどりついたのです。

そのきっかけとなったのは、認可保育所の物件探しでした。依頼を受けて実際に探してみると、認可保育所は立地などの条件が細かく定められていることから、物件探しの際に賃貸仲介業者に嫌がられることが多いということを知ったのです。物件情報をゼロベースで集める必要があるため、賃貸仲介業者としては労力に対してフィーが合いません。そのため、事業者に「認可保育所をつくりたい」という思いがあっても、開設に至らないケースも多々あるとのことでした。

そんな状況を見て痛感したのは、賃貸仲介業の手にある、専門的な物件についての情報発信の必要性です。私はたまたま保育所の物件探しを手伝いましたが、クリニックにも同じことがいえるでしょう。

それならば、もし私たちが「店舗施工ＰＲＯ」での経験を生かしてクリニックの開設に必要な情報を集め、物件のご紹介からワンストップで内装工事を受注できたら…クライアントはいい物件が見つかり、私たちは価格競争に巻き込まれずに内装工事ができ、地域には医療施設が増えるという〝三方一両得〟が実現するわけです。そしてじつは、クリニックの開設支援は、空室問題解決の一つの策にもなると考えています。

クリニック施設の開設支援が大阪の空室問題解消につながる

私は大阪・道頓堀に生まれ育ち、仕事をしています。ザ・大阪といった土地で育ったため、自分の事業で大阪を元気にしていくことにも関心があるのです。大阪の今に目を向けると、都市開発が進む地域に大規模な商業施設やタワーマンション、ワンルームマンションが増える一方で、取り残された地域では空き家、空きビルが目立つようになってきています。地域格差が大きい上に、タワーマンションなどで住民を集めたとしても、保育所やクリニックなどの住民をサポートする社会的なインフラは足りているとはいえません。他県と同様、高齢化の問題も深刻化しつつあります。だからこそ私たちは、こうした問題の解消に役立つ事業を手がけたいのです。たとえば、空きビルや空き家に内科や歯科や耳鼻科のクリニックを誘致してクリニックビルとして活用したり、保育所などを併設した社会福祉モールに改装したりといった具合です。こうした取り組みは、大阪に限らず、日本全体を元気にするためにも必要なのではないでしょうか。

内装工事業者がクリニックコンサルティングを手がける意味

私は今まで主に飲食の店舗に関わってきましたが、集客のターゲットは変わるものの、マーケティングや経営という点では、クリニックも飲食店と通じるところがあると思っています。

これまでのクリニックは患者さんが来るのを待つという受け身の姿勢でした。しかし、社会全体でいかに病気を予防するかという動きが活発化し、地域密着型の経営が求められる中、今後は攻めの姿勢で、ブランディングも行っていく必要もあるように思います。実際、せっかく開業したにもかかわらず、赤字経営になってしまうクリニックは少なくないからです。サービス業と同じように、患者となる地域住民にしっかりとマーケティングを行い、居心地のよいクリニックづくりに取り組むとともに、経営者としての目線を持ってコストダウンできるところは抜かりなく削っていく。当社としても、物件探しのようなハード面だけでなく、こうしたソフトの部分も提案し、経営について知り得ることをサービスの一環としてクリニックに提供していくつもりです。

というのも、本来、こうした役目を担うはずのコンサルティング会社の提案が、あまり中立的でないように感じられるからです。また、内装工事や医療機器についても、必要以上に高いものを売りたがる業者も多いと聞きます。医療機器はフル装備でそろえると大変な額になるものもあり、なかには多大な借り入れをして開業する方もいらっしゃるでしょう。

そのため、医療機器の相談などにも対応していきたいと思っています。たとえば、200ボルトの電源が取れないオフィスビルでも使えるレントゲンや安価で実用的な医療機器、中古の医療機器などの情報提供ができるように準備しているところです。当社の強みは、あくまでも内装工事がメインであること。コンサルティングを本業にしているわけではないので、真に中立の立場から役立つ情報を提供できます。こうした強みを生かし、多くの開業を志す医師をバックアップしたい。そして、この事業を通じて生まれ育った大阪の街の医療を充実させることができたら、これほどうれしいことはないと思います。

第3章

女性活用

国は少子化対策と女性の社会進出を
最重要課題の一つとしていますが、
その受け皿となる保育所や学童保育、病児保育などの
施設整備は遅々として進んでいません。
今こそ、全国にあふれ返る空室に目を向け、
こうした用途に活用すべきなのではないでしょうか。

教育は百年の計――空室利用で、未来を担う子どもたちに充実した英語教育を

株式会社リノヴェ　代表取締役社長兼CEO　柏木 陽佑

リノヴェからの提案

- 教育施設の安定した運用を行うには、効率的なコストの削減が不可欠
- 土台のしっかりとした病院の空きテナントなどを、学童保育施設に活用
- 利益の上がりにくい認可外保育などにも理解を示し、未来を担う子どもへの投資とする

Company Profile **株式会社リノヴェ**

2011年3月、英語教育業界を変えたいという思いから創業。同年4月に、第一号となる英会話教室「5Star英会話 阿南本校」を開校しました。この教室は、もともとおもちゃ屋だった空きテナントを活用し、大家さんの協力を得ることで、ランニングコストの削減に成功。2014年には、同代表が運営する「株式会社英語保育所サービス」が、英語で保育を行う「5Starインターナショナル保育園」を開園。さらに、2015年6月には、英語の学童保育サービス「5star英語学童クラブ」を開始するなど、保育と語学教育の融合に力を入れています。

英語教育と教育業界をリノベーション

アメリカの大学を卒業後、現地の出版社を経て日本の大手英会話学校に就職した私は、語学教育をライフワークにしようと心に決めていました。そして、当時勤務していた会社が倒産したのをきっかけに、英語教育事業を中心に行うリノヴェを立ち上げました。

社名であるリノヴェは、英単語の"RENOVATION"が由来です。この名には、いくつかの思いを込めています。まずは、既存の英会話教育の枠にとらわれず、国際感覚を育くみながら、英語でコミュニケーションをとれる子どもを育てたいということ。さらに、当社だけでなく、教育業界を働きやすい環境に刷新したいという願いもあります。現在、「ブラック企業」という言葉をよく見聞きします。じつは、語学学校や塾などには、そうした企業が多いのです。残業代が支払われない上に長時間労働が常態化するスクールも少なくありません。そんなところで働く人が全力で教育に向き合えるでしょうか。

だからこそ私は、従業員がやりがいを持って働ける環境づくりをしたいと考えています。実際、後述の保育園で働く従業員の給料相場は、周辺の同業種の従業員よりも2割ほど多く設定していますし、福利厚生にも目を向け、定着率は非常に高いといえます。

また、安定した教育を行うには、コストコントロールにも配慮しなければなりません。そこで考えたのが、空き家の活用です。英会話教室はスペースさえあれば、大がかりなリフォームをしなくても開業できます。当社の第一号教室「5Star英会話 阿南本校」は、もともとおもちゃ屋だった場所を教室に転用しました。オーナーにも喜んでいただけていて、1年間のフリーレントの上に、相場の半額以下で貸していただいたりと、優遇を受けています。

子どもをバイリンガルに育てるインターナショナル保育園

現在、当社で力を入れているのは、保育所や学童保育と英会話レッスンの組み合わせです。昨今、子どもたちの習い事として、英会話への関心が高まっています。ベネッセ総合研究所のレポートによれば、小学生のうち18・8%が学校外で英語教育を受けているそうです。そして、英会話のレッスンを受けていない生徒の中には、共働きで送迎が難しいなどの事情で断念している人もいると考えれば、潜在的なニーズはもっと大きいはずです。

また、同研究所は、私立幼稚園のうちおよそ47％が、英語教育を取り入れているとも発表しています。共働きの夫婦では、やはり保育所を利用する方が大多数なので、英語教育の機会を残念ながら失っているというケースも多いでしょう。女性の社会進出の必要性が高まる今、家庭環境に関係なく、子どもが英語にしっかりと触れられる環境づくりが必要です。それを可能にするのが当社のような教育施設なのです。

２０１４年４月には「５Ｓｔａｒインターナショナル保育園」を開園しました。こちらは、バイリンガルの保育士や、ネイティブスピーカーの外国人の先生が在籍し、基本的にすべてのコミュニケーションを英語で行う保育園です。現在は多数の園児を預かり、収支の面でも安定した運営ができています。

ただし、ここまでに至る道のりは平坦ではありませんでした。「５Ｓｔａｒインターナショナル保育園」の前身として、私たちは同様のインターナショナル保育園を運営していたのですが、コストの面などでうまくいかず、運営体制が二転三転するなど、非常に苦労していたのです。

とはいえ、実際に運営してみることで、インターナショナル保育園の社会的な意義を実感することもできました。なぜなら、預かっていた子どもたちが急速に英語を理解し、半年ほどでネイティブスピーカーの言っていることを理解できるまでになっているのを目の当たりにしたからです。彼らは、日本語能力を落とすこともなく、日本人のお友達ともしっかり仲よくできる、ごく自然なバイリンガルとして成長していました。

こうした環境をつくることは、子どもたちそれぞれの未来の選択肢を広げるだけでなく、今後、より国際化が進む日本社会に不可欠な人材を育てることにつながっている。そう確信した私は、インターナショナル保育園を続けるために、どうにか予算を確保する方法を模索しました。

まず思いつくのは行政からの補助ですが、インターナショナル保育園は認可外であるため、それを受けることはできません。かといって、一般的な黒字運営のインターナショナル保育園になろうと、保育費が月額20万円にのぼるなど、気軽に通うことができない値段設定になってしまいます。

いろいろと調べてたどり着いたのが、事業所内保育所でした。これならば、認定保育所ほどではないにしても、国からの助成金を受けることができるのです。

次に、提携する企業を探しました。当時の当社の社員数では、自社の事業所内保育所として申請するには少なすぎて認められなかったからです。パートナーを探しているところに、病院を運営する医療法人の関連会社、有限会社樫の木商会（医療法人樫水会）と、株式会社岡部機械工業が手を上げてくださり、ようやく開園のメドがたちました。事業所内保育所といっても、社員の家族は一人だけでも問題がないため、現在は一般の方の子どもも広く預かっています。

ところで、事業所内保育所というくくりでみると、全体のおよそ9割が赤字運営です。ですが、それは子どもをただ預かるだけでほかに付加価値がないため、園児がなかなか集まらないことが理由の一つです。あるいは、そのせいで高い保育料をいただくことができず、赤字運営せざるを得ないのでしょう。

一方、「5Starインターナショナル保育園」にはバイリンガルの保育士がいてネイティブな英語に触れ合うことができるという付加価値があるため、たとえ保育料を高めに設定しても、市外からも多くの園児が集まり、保護者の方にも満足していただけるのです。

「5Starインターナショナル保育園」に続いて、2015年には、愛媛県松山市に拠点を置く総合不動産業者の三福ホールディングスとパートナーシップを結び、「三福5Starインターナショナル保育園」を開業。祝日もオープンし、英語での保育サービスを提供しています。

現在は、保育士不足といわれていますが、当社の運営する施設に関しては、その心配もありません。なぜなら、周辺よりも高い賃金を提示できるため、多数の応募者が集まるからです。求人をかけると定員の4倍ほどの応募があり、辞める保育士もほとんどいません。働きやすい環境もつくれていると自負しています。さらには、園児の保護者から「子どもが英語を理解できるようになった」「国際感覚が身についた」というお声をいただくだけでなく、当社の施設に子どもを預けることができる病院や機械メーカーからも、母親世代の定着率が高くなったとの評価を受けています。

保育・教育施設への空き家開放は未来への投資

2015年春には「5Star英語学童クラブ」も開設したのですが、学童保育の開設にあたっては、さすがに躊躇がありました。採算をとるのが非常に難しい事業だからです。そこで、どうすれば事業として成り立つかを考えたときにたどり着いたのが、空室、空きビルの活用です。

「5Star英語学童クラブ」は、もとは接骨院だった物件を活用して開設しています。その理由は、建物のつくりが丈夫だったからです。じつは、学童保育には建物の耐震構造の基準に関する法律はないものの、自治体によっては自主規制があり、ある程度の基準を満たす必要があるのです。結果的には、ほとんどリノベーションコストをかけずに、学童保育として転用することができました。

地方には、閉院したまま放置されている病院も多いと聞きます。今後は、そうした施設を利用して、日本の未来を担う子どもたちの教育施設として利用していきたいと考えています。

日本は今後、人口減少社会へと突入します。さらに、東京五輪が終わる2020年以降は経済も縮小していくことでしょう。これからの日本は、フィンランドやノルウェーといった北欧諸国のように、より福祉に力を入れて

2015年春に開設した「5Star英語学童クラブ」。もとは接骨院だった物件を転用することで、コストを抑えるとともに安全性も確保。21時まで子どもを預けることができる上、ネイティブな英語に触れることで、「自然に英語を身につけられる」と保護者にも好評だ。

いく必要があると思います。教育は百年の計という言葉があるように、福祉の中でも特に重要なものです。

空室を抱えるオーナーには、教育という観点から大局的に考えて、その運用をしていただきたいと思います。オーナーの協力によってできることはたくさんあります。大義を持って空き家、空室、空きビルを教育施設に開放していくことで、日本の未来を背負う子どもたちが大きく育っていくのです。

空室などを単純に放置していては設備も痛み、より借り手がつかなくなりかねません。それならば、今必要なもの、福祉に対して、投資をしていただきたいと思います。それは、社会全体をよくする一助となり、ひいては、ご自身の空室を埋めて活気を取り戻すことにもつながっていくのではないでしょうか。

空室を病児保育施設に転用 女性が安心して働ける社会の構築を目指す

有明こどもクリニック 院長 小暮裕之

有明こどもクリニックからの提案

- **最も有効な少子化対策は、女性が安心して働ける環境を整備すること**
- **空室やオフィスビルを病児保育施設として活用する**
- **子育て世代が集まる、活気のある地域を創設**

Company Profile 有明こどもクリニック

2010年9月開業。院内は、病気の子どもが緊張せずに診療時間まで待てるように、ポップなブロック細工の内装で飾られています。開業当初の休診日は、火曜日と土曜日の週2日制でしたが、有明エリアの人口急増による需要の高まりを受け、2014年に祝日のみ休診の体制へと変更。小児総合診療を信条に掲げ、病気やケガなどの症状を診るだけでなく、事故や病気を未然に防ぐことを目標としています。院長の小暮先生は、日本の問題点である少子高齢化を危惧し、子育て世代の女性が安心して働ける社会づくりに尽力。空室やオフィスビルを利用した病児保育サービスのシステムづくりを模索しています。

休診日は祝日のみ、有明エリアの頼れるホームドクター

地域の医療に役立ち、社会福祉にどう取り組んでいけるのか。私は医師として、自分で課題を発見し、解決することで、地域住民のみなさんが安心して生活できる社会づくりに役立ちたいと考えています。

たとえば、私が院長を務める有明こどもクリニックは、２０１４年４月から休診日を祝日のみとしました。これは、有明エリアの子育て世代の不安を解消したかったからです。

開業当初の休診日は、週２日。それでも、他院が休みの日でも病気のお子さんを診られるように、日曜日は診療していたのです。しかし、有明エリアの人口が増えるにしたがって、患者さんの数も増えていきます。そうすると、休診日の翌日には、診療しきれないほど混雑するようになりました。その問題を解消するために、診療日を増やしたというわけです。

診療日を増やした理由は、もう一つあります。２０１４年春、これまで有明エリアの小児診療の中心施設であった昭和大学豊洲クリニックが移転。かわりに、昭和大学江東豊洲病院が新設されたのですが、こちらは急性期病院で、紹介状がない場合には初診時選定療

養費5400円が必要です。それまで、当院と昭和大学豊洲クリニックの休診日は補完関係にあったのですが、小児科のない空白の曜日ができることになり、患者さんも大変困っていました。そこで、祝日以外を診療日としたのです。その背景には、昭和大学江東豊洲病院の小児科の先生たちに、非常勤として診療してもらえるようになったことも後押しとなりました。

現在、患者数は、年間のべ3万8000人。必然的に患者さん一人あたりの診療時間は短くなりますが、これまでの経験と最新の医療情報を習得することによって、適切な診療を行えているという自負はあります。今後も、前線に立って診療をしながら、地域の医療に貢献していきたいと思います。

子どもを総合的にケアする小児総合診療

私が目標とするのは、〝小児総合診療〟です。それは、どういうことか。病気やケガなどの症状を診るだけではなく、なぜ、そのような結果になったのか、防ぐためにはどうすればよいのかなど、患者さん自身をケアするということです。症状だけではなく、人を診ることで、予防にもつなげたい。そのためには、本人の成長や発達、小児患者の家族に寄り添っていくべきだと考えています。

思い返すと、私が小児科医を志したきっかけも、総合的に患者さんに向き合える医師になりたいと思ったからです。医師の専門分野は、世間のイメージとは違い、かなり細分化されています。肝臓、胃、心臓など、臓器ごとにバラバラになっているんです。私は、医師はできるだけゼネラリストであるべきだと思っています。人を総合的に診療できる医者になりたい。人が生まれて成長していくその過程を診たい。家族を診たい。こうした医師像に一番近かったのが、小児科医だったのです。

小児総合診療を意識し始めたのは、勤務医時代に日本の小児医療の現実を知ってからです。当時、日本の新生児医療および乳児医療における救命率は、先進国の中でもトップレベルを誇っていました。しかし、幼児に対する治療となると、がくんと成績が落ちて、下から数えたほうが早いくらいだったのです。

幼児の死因として大きな割合を占めるのは、不慮の事故ですが、子どもの事故をケアする医師というのは少ないのです。外科医には子どもを苦手としている人が意外に多くいますし、子どもが専門の小児科医は外科的治療を苦手としていたりと、幼児の救急医療分野が宙に浮いているわけです。その問題を解消するため、私は、小児の救急医療と集中治療を勉強しました。そうすれば、重症の子どもたちを救えるはずだと思ったのです。

さらに、実際に診療を続けていくうちに、両親や祖父母などの保護者にひと言でも指導できていれば、未然に病気やケガを防ぐことができたのではないかというケースに数多く出合いました。自分が地域の最前線に立って、家庭をも含んでケアしていけば、もっと苦しむ子どもを救えるはず。家庭だけでなく、地域のホームドクターになりたい。こんな思いで開業したのが、「有明こどもクリニック」です。現在では、クリニックを拠点として、病児保育施設をつくり、社会の役に立ちたいと考えています。

地域医療の最前線で実感した病児保育施設の必要性

開業後、地域の子どもたちの診療をしながら保護者の声を聞く中で、大問題だと感じたのが、今の社会が出産・育児に不向きであるということ。有明エリアは共働き世帯がとても多いのですが、ご存知のように、保育所に子どもを預けること自体が困難です。しかも、入所できたとしても別の問題が待っています。その一つが、子どもの病気です。保育所に入所したばかりの頃は、やはり免疫力が弱いので、お友達から病気をたくさんもらってしまいますし、その中には、インフルエンザのように、通所禁止の期間が決まっているものもあります。そして、病気になった子どもの看病で有給休暇（有休）を使い切ってしまい、解雇寸前にまで追い詰められている母親もいるのです。

こんな状況では、少子化が進むのは当たり前でしょう。女性が社会に進出し、安心して子どもを産み、少子化を解消できる社会にするため、小児科医ならではの環境整備をしたいと考え始めました。

そして、開業直後の慌ただしい中、病児保育施設を運営できるテナントを探したのですが、有明エリアにはまったく空きスペースがありません。そうこうしているうちに、診療業務も忙しくなり、病児保育問題はしばらく棚上げとなってしまったのです。

しかし、2015年に入り、前述のとおり、近隣の病院から非常勤の医師を呼ぶことができるようになりました。私自身にも多少の余裕ができた今、有明以外の場所での開業も視野に入れて、病児保育による社会貢献の道を再び模索しています。

行政任せの病児保育ではサービス提供者も利用者も不満足

もちろん、現在でも、病児保育施設は存在します。しかし、システムがうまく機能しているとはいえません。多くの病児保育施設は行政の補助金を受けていますが、そうなると、前日の保育時間内（日中）に予約をとることがルールとなります。しかし、子どもの病気は予測が難しく、翌日になるとけろっと元気になっていたりもします。そうすると、当日の朝になってキャンセルが出てしまう…。こうして、サービスの提供者と利用者の間にギャップが発生するのです。

行政の人に病児保育施設をつくりたいと相談したことがありました。しかし、病児保育は余っているというのです。一方で、利用者である保護者の声を聞くと、「いつも予約がいっぱいで利用できません」と答えが返ってきます。

病児保育は事業として成り立ちにくいので、現状では行政から補助金を受けて、行政のルールでやらなければいけません。その結果、地域の需要に合ったサービスを提供できなくなっているというのが実情です。だからこそ、私たちのような民間団体が、うまく病児保育のシステムを構築できないかと模索しているのです。

ただし、病児保育を単体で運営すると、季節によって利用者の数が激変してしまい、経営が安定しません。また、利用者数が一定にならないと、スタッフの確保も大変です。実際、既存の病児保育では、利用者がゼロで、スタッフが何もやることのない日があると聞きます。したがって、クリニックと保育所、病児保育を組み合わせ、スタッフを共有しながら、進めていくのがベストだと考えています。

病児保育サービスに空室を活用したい

病児保育サービスを運用するにあたり、現在、企業との連携も視野に入れています。たとえば、企業内に保育所と病児保育施設をつくれば、保育所で病気の兆候が見られた子どもを、そのまま病児保育に移して、診察や投薬を始めることができます。企業内に施設があるため、勤務中の保護者を呼び戻す必要はなく、有休を使う必要もありません。企業にとっても、優秀な女性社員を獲得しやすくなるでしょうし、出産後の復帰までの期間を短くできる上、長く働いてくれるなど、さまざまなメリットがあります。

こうした病児保育施設をつくるために、すでに、場所探しを開始しています。本書にも登場する日本生化学研究所とも、協力体制について話し合っています。

課題としては、賃料の問題があります。やはり、オフィスエリアは賃料が高く、病児保育を安定運用していくのは難しいのです。

病児保育は、女性の社会進出とは切っても切り離せない施設です。また、社会福祉に対しても大いに貢献できる施設ですので、オフィス価値を向上させることができるという点を、ビルオーナーにアピールしていきたいと思っています。

一方で、空室問題に困っている郊外で、クリニック、保育所、病児保育の融合施設を設けることも視野に入れています。家賃を抑えていただくことで、固定費を削減できれば、経営の難しい病児保育施設の運営も安定します。また、マンションやビルのオーナーにとっても、メリットは少なくありません。安心して子どもを預けることができる施設があれば、そこに人が集まってくるからです。地域が活性化し、さらに人が集う街になる。この循環で、空室問題も自然と解消が見込めるはずです。

病児保育の充実は、少子高齢化対策に直結しています。2014年の合計特殊出生率は1・42人。夫婦2人が1・4人しか生み出さないとなると、加速度的に少子化は進んでしまいます。人口を維持するには、合計特殊出生率を2人以上に引き上げる必要がある。そのために何よりも必要なのは、子どもを出産した女性が安心して社会復帰できる社会だと私は考えます。

企業との連携や空室の活用をしながら、病気になった子どもを安心して預けられる施設をつくる。それが小児科医としての私の使命です。民間が自発的にアクションを起こして、行政に頼らなくても黒字運営できるようになれば、病児保育施設は一気に広がっていくことでしょう。

特別企画

空室活用で女性の「はたらく」をしあわせに！

社会福祉モール設立で「育児・介護・はたらく革命」

日本の人口は2050年に1億人を切るといわれています。少子高齢化社会が進むと、一人あたりの税金が増大し、国力は低下していく一方です。それらを緩和し、回避していくためには、施設やサポート体制の整備などで、今以上に子育てしやすい環境、あるいは介護しやすい環境をつくることが必要です。

そこで提案したいのが、女性の就労を支援するための「社会福祉モール」の設立です。「社会福祉モール」とは、一つの建物の中に、医療・介護・育児・病児保育・学童保育などが集まった施設インフラを指します。社会福祉モールの案は、現在、日本で問題となっている空き家・空室を活用し、女性が働きやすく、子育てしやすい街づくりを進める具体的な方策として、誕生しました。子育てが終わると、介護があります。あるいはそれらが同時に必要になることもあるでしょう。そんなときに、必要な施設が一つに集まっていると、女性や家族の負担を大幅に軽減することができるのです。

社会福祉モールの利点としては、まず、小児科、健常児保育、病児保育施設が隣接しているため、子どもの安全が確保されやすいということがあげられます。働いているママの職場に、お迎えに来てほしいという突然の電話連絡が入ることもなくなり、その分、女性は安心して仕事に集中できるようになります。

また、都心のビルに社会福祉モールができると、家族は仕事の合間やランチの時間に、子どもや親の様子を頻繁に見に行くことが可能です。公共機関の屋上増築部分に社会福祉モールをつくることで、現在足りていない保育や介護の施設を増やすこともできます。また、空き家・空きビル・空室に悩んでいる不動産オーナーも、それらを解消しながら地域社会に貢献することができるでしょう。

女性の「子育て・介護・はたらく」がもっと幸せになる社会をつくるため、空室・空きビルの問題を解消するため、社会福祉モールの建設を推進する4人の女性たちに、その思いを語っていただきました。

1 空き家・空きビルの再活用で託児所や保育所をつくりたい

株式会社Ｅｎｏｍｏｔｉｏｎｓ　代表取締役
港区議会議員
榎本あゆみ

私は日本の社会課題を解決するために、港区議会議員になりました。なかでも少子化対策は喫緊の課題であると考えています。

子どもを産み育てたくなる社会、小さな子がいる家庭に温かい社会をつくらなければ、子どもを産みたくても産めない家庭が増える一方です。このままでは日本の合計特殊出生率はさらに下がってしまうでしょう。現在、少しの時間子どもを預かってほしい保護者と、一時預かりの受け入れ可能な保育所のマッチングを行う「ｍｉｔｅｔｅ」という事業を通して、既存の保育所に、一時預かりを受け入れてもらう事業を行っています。

核家族化が進み、隣近所に誰がいるのかわからない状態では、母親はほんの少しの間、子どもの面倒を見てもらうこともできず、自分が病気になっても病院に行くことさえ困難です。保護者にも気分転換や休息の時間は必要です。子育てのストレスを緩和し、より楽しく子育てできる環境を日本中につくっていくことにより誰もが安心して子どもを産み育てられる社会をつくる。それが私の目標です。

一方で、これまで建てられてきた家やマンションに住む人がいなくなり、働き方が変わってオフィスが縮小する中、空室などのデッドスペースができています。このような空間は、いかにリノベーションして、付加価値をつけていくのかが問題となるでしょう。私は「ｍｉｔｅｔｅ」の事業をさらに推し進め、駅の近くなどにある、利便性の高い空きビルに託児所をつくり、郊外の広い土地には介護施設と保育所を設立するなどの方法で空きスペースを活用していきたいと考えています。

そのままでは価値がなくなってしまう空きスペースに、民間がアイデアを持ち寄り、活用の仕方を考える。行政は民間のアイデアをスムーズに行えるような仕組みや制度を整える。民間と行政が連携して、空室問題を解消できればと思います。そして私は、民間と行政、両方の立場から、日本の少子化問題・空室問題に取り組む所存です。

2 空室を子連れワークができるオフィスに――主婦・ママに〝はたらく〟をつくる！

株式会社マミーゴー　代表取締役
荻野久美子

株式会社マミーゴーでは、ＩＴやＷＥＢ制作に強いママたち３００人のコミュニティを生かして、中小企業の業務効率のお手伝いをしています。具体的には、データ入力やＷＥＢ制作など、ＩＴに関する業務を多岐にわたって行っています。育児の合間や子どもが眠った後の隙間時間に仕事をするというライフスタイルに合わせた働き方で、多くのママが活躍してくれています。

育児と仕事の両立は、働く女性にとって大きな課題です。私自身も二児の母で、子育てと家事、仕事をこなすことの大変さを身をもって感じてきました。私たちが働く上で、育児と仕事を両立させることへの不安や課題は尽きません。「働きたい」という意欲があっても、結婚や出産、子どもがまだ小さいなどの理由から仕事を断念してきた女性たちは少なくないのです。

その一方で、日本の人口減少による労働力の低下が問題視されています。このミスマッチを解消すべく、当社ではこれまで、子連れワーク、在宅ワーク、時短勤務など、多様なワーキングスタイルを採用してきました。なかでも子連れワークは今後さらに力を入れていきたい分野です。「仕事か育児か」ではなく、「仕事も育児も」どちらも楽しめる場、ひいては子連れワークが可能なスペースをもっと増やすことができれば、主婦・ママたちの活躍をさらに後押しできます。それにより、働きたい女性が増え、「そのような女性に仕事をお願いしてみたい」と考える企業を増やすきっかけをつくることができるのです。

現在は非常に限られたスペースでの子連れワーク実施に留まっていますが、空きスペースを有効活用できれば、当社のようなベンチャー企業でも十分なキッズスペースを併設できるようになるはず。こうして、「子育てしながら社会とつながりたい」「仕事を通して社会に役立ちたい」と考える多くのママたちを、もっと応援できればと思っています。

3

空室をママの情報共有カフェやシングルマザーのシェアハウスとして活用

インブルーム株式会社　代表取締役
野村洋子

インブルーム株式会社は、女性の再就職を支援するために立ち上げた会社です。子育てなどでいったん職場を離れたものの、仕事に復帰したいという女性にさまざまな働き方を提案しています。女性は、結婚や出産などの理由でいったん職を離れることがあります。ですが、社会復帰への道は険しく、保育所に入れない、協力者がいないなどの理由で、仕事を探すスタートラインにさえ立てない方が少なくありません。私は、そんな女性たちが、もっと自由に仕事に就ける環境をつくりたいという思いをずっと持ち続けてきました。

当社に問い合わせをくださる方々の状況は、保育所に預けられないので今すぐは難しいけれど、仕事に復帰したいという方から、シングルマザーで思うように住居が借りられず、仕事も見つからないという方までさまざまです。昔は、祖父母や近所の方のお世話になったり、叱られたりしながら、自然と地域で子育てをするビジョンがありました。今は核家族化が進む中で、そうした意識は希薄になる一方です。子育ての悩みをママ友に相談する場所なども、まったく足りていないのです。

協力者のいないシングルマザーを取り巻く状況は深刻です。私は空きビルや空室といったスペースで、シングルマザー・シングルファザーが、共に暮らし、協力しながら子育てができるシェアハウスをつくり、運営したいと考えています。親にとっては、子どもが一人でいる状況が最も不安ですが、シェアハウスで協力し合って生活できれば、そういった不安の種は解消されます。また、子どもたちは社会性を身につけることもでき、親は落ち着いて仕事に就ける環境がつくれるでしょう。

さまざまな事情で職場を離れた女性たちや、環境が整わず仕事に就けない女性たちが仕事をしたいと思ったときに、子育てしながら働くためのサポートを提供したい。多くの女性が当たり前にそんな支援を受けられる社会を、このプロジェクトを通して実現していきたいと思っています。

4

子どもの成長を見守りながら仕事ができる環境づくりを

オクシイ株式会社　代表取締役

高田麻衣子

多くの女性に、子育ても仕事も自分もあきらめない生き方をしてほしいという思いから、2014年、世田谷区にある馬事公苑のそばで保育サービス付きのシェアオフィス「マフィス馬事公苑」を開業しました。マフィスとは、『Mama assist office（ママを助けるオフィス）』という意味でつくった造語です。マフィス馬事公苑では、保育所に入れず、お子さんがいる環境の中で在宅ワークを余儀なくされている方、仕事復帰はしたいけど、母乳育児をやめたくないといった方まで、さまざまな姿勢で子育てと仕事に向き合うママたちが働いていています。

出産後も、これまでのキャリアを生かして仕事を続けたいという女性はみなさんが思っている以上にたくさんいます。働く意欲と能力のある女性が、子育てしながら仕事を続けていく上で、最も必要としているのは〝働きやすい環境〟です。

たとえば、子どもから離れて会社で働くのではなく、子どもの近くで自分のペースでやりがいのある仕事を続けたい。こうしたニーズは非常に多いと感じています。自分が仕事をしている建物内に、保育士が常駐して責任を持って子どもを預かってくれる保育所があれば、お子さんと一緒に食事したり、授乳したりするといったことも可能です。そして何より、子どもに何かがあったときにすぐに対応できる近さから安心が生まれ、余計な心配に煩わされずに、仕事に専念することができるのです。

日本では有職女性の6割以上が、出産を機に離職をしています。出産を経ると、キャリアチェンジに意識が向きやすくなる傾向があるため、企業にとっては人材の流出が起こる懸念がある一方、優秀な女性人材確保のチャンスにもなり得ます。優秀な女性人材を維持・獲得したい企業にとって、社会福祉モールの設立と活用は必要不可欠ではないでしょうか。そこに空きビルや空室といったスペースを活用することができれば、企業や社会にとっても、大きな前進となるでしょう。

空室を活用する「社会福祉モール」設立への思いを語った、4社4名のプロフィール

1 株式会社Enomotions 代表取締役 港区議会議員 榎本あゆみ

Profile

聖心女子大学卒業後、経済産業省後援の起業家支援団体DREAM GATEに入社。1社目を設立したのち事業拡大のため上海へ。日本をよりよい社会にしたいという想いで地元港区に戻り2015年5月より港区議会議員として活動。また保育事業を行う株式会社Enomotionsを設立。

Company Profile

ウェディングドレス販売・レンタル事業会社として2010年9月に設立。2012年2月に拠点を上海へ移し、中国への進出を考える企業の設立・マーケティング・プロモーション・人材確保の支援を実施。日本をよりよい国にするための活動にも力を入れている。

2 株式会社マミーゴー 代表取締役 荻野久美子

Profile

1999年店舗の空間デザインの株式会社ノットコーポレーションを兄と設立。2010年主婦・ママ向けの教育事業の㈱ヒメルリッチを設立し、翌年、経済界『金の卵発掘プロジェクト』の特別賞受賞。2014年、マミーゴーを設立。

Company Profile

ITやWEB制作に強い女性300人のコミュニティ(ITマミー部)の力を活用して中小企業の業務効率アップに貢献する。データ入力やライティング、コーディング、WEB制作からバナーデザインまで、ITに関わる多種多様な業務を遂行。

3 インブルーム株式会社　代表取締役　野村洋子

Profile

大阪出身。IT関連企業でインストラクターとして活躍後、広告代理店で営業を担当。女性の活用に悩む経営者との出会いから、結婚や出産などでいったん職場を離れた女性の職場復帰を応援するインブルーム株式会社を起業し、女性の再就職支援に注力する。

Company Profile

企業向けに女性を活用した派遣・紹介サービスや営業支援事業を行う会社として、2006年に設立。「ママ×仕事＝もっと輝く私」をモットーに、環境の変化によりいったん仕事から離れ、仕事復帰を決意された女性に向けてさまざまなサポートを展開している。

4 オクシイ株式会社　代表取締役　高田麻衣子

Profile

大阪市立大学卒業後、不動産デベロッパーなど数社で不動産まわりのフロントからバックオフィスまで全般的な業務に従事。1男1女の母。多くの女性に、子育ても仕事も自分らしく欲張りに楽しんでもらいたいとの思いから、2014年、「マフィス馬事公苑」を開業。

Company Profile

女性の「はたらく」を応援する会社として、2014年に設立。保育サービス付きシェアオフィス「Maffice」を立ち上げ、運営する。開放的なワークフロアを備えた「Maffice馬事公苑」では、0歳から子どもを預かり、食事や昼寝の時間なども希望に合わせたサービスを行う。

第4章

介護・介助

空き家や空室は、介護老人福祉施設として、
また、障がい者など、家を借りにくい人たちの
受け皿としても機能します。
住み慣れた地域で生きがいを持って暮らせれば、
寝たきりになる高齢者は減り、障がい者の自立は促され、
結果的に医療費を削減することもできるのです。

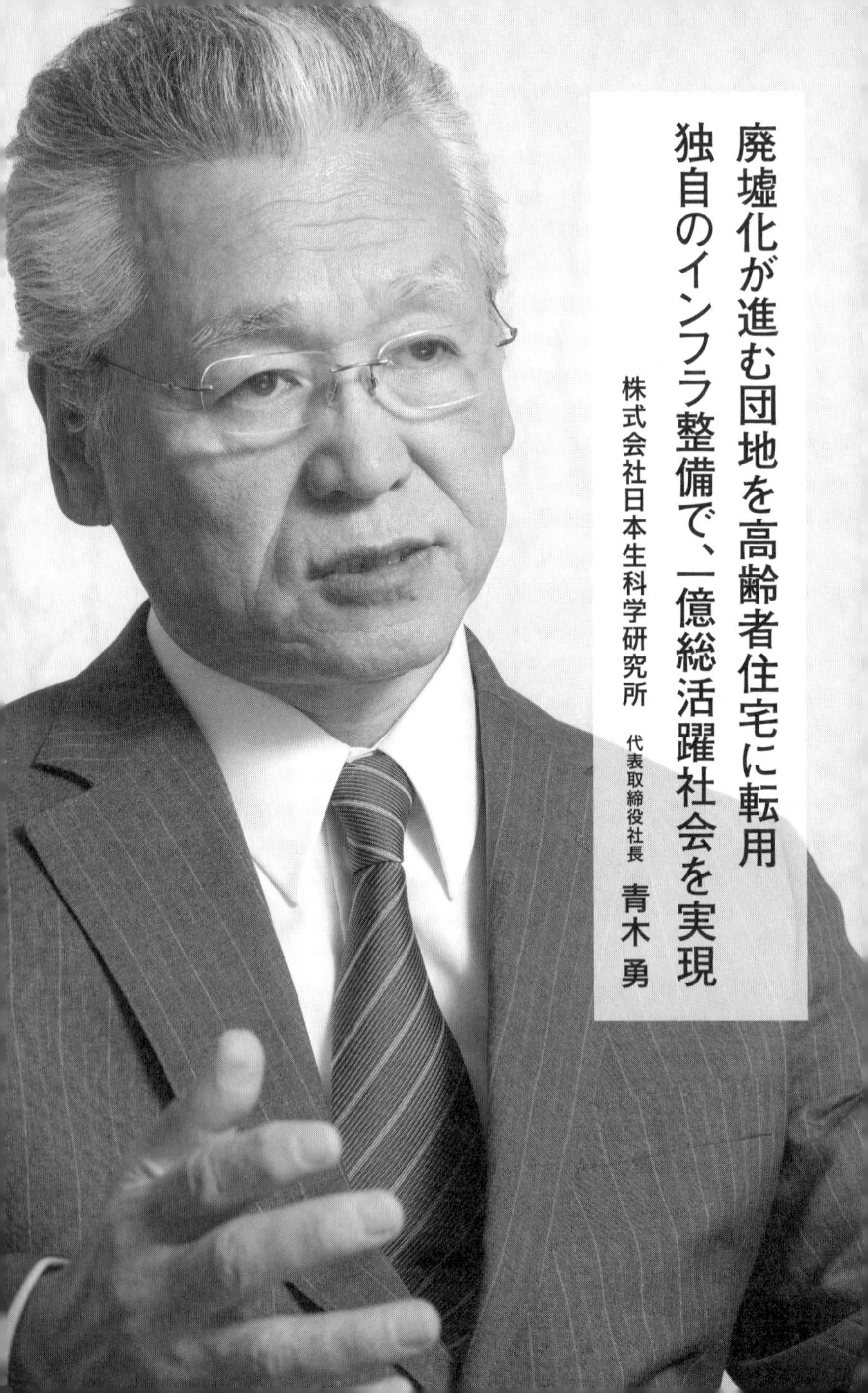

廃墟化が進む団地を高齢者住宅に転用
独自のインフラ整備で、一億総活躍社会を実現

株式会社日本生科学研究所
代表取締役社長　青木 勇

日本生科学研究所からの提案

- **「地域包括ケアシステム」で健康寿命を延長し、社会保障費を大幅削減する**
- **UR都市機構と提携し、居住者のいなくなった団地をサービス付き高齢者向け住宅に改装**
- **空き家や空室を積極的に活用して、保育所などの社会福祉施設を展開する**

Company Profile　株式会社日本生科学研究所

2016年に創業50周年を迎える給食事業を展開する「日本生科学研究所」は、学校給食食材の卸売りを行う「株式会社給食普及会」としてスタート。ある研修をきっかけに、「人の輪」を大切にする理念を確立し、1983年頃から、少子高齢化社会への対応を開始。医療分野として、調剤薬局の「日生薬局」を開業、日本生科学研究所を設立しました。その後、介護分野サービスの提供を開始し、給食普及会と合併。医療・介護・福祉・住まいの総合企業として成長してきました。2011年には、国土交通省のモデル事業として第一号の住まいを運営。次いで2014年には、UR都市機構と協力し、入居者の激減した団地をサービス付き高齢者向け住宅に改装。管理・運営しています。今後も、空室を利用し、団地全体をサービス付き高齢者向け住宅ととらえる地域包括ケアを展開。医療・介護・予防・保育・生活支援・住まいなどの地域課題の解決に尽力していきます。

慣れ親しんだ地域で、いつまでもいきいきと暮らせる社会

日本生科学研究所は、「日生薬局」をはじめ、「日生保育園ひびき」や在宅介護サービス、学校給食の食材卸し、住まいなど、医療・介護・福祉・生活支援・住まいに関するサービスをトータルに提供する企業です。そして、これらの事業と連携し、1984年から「健康・安心・絆ライフラインの創造」というインフラ基盤整備を目指しています。

具体的には、医療・介護・福祉・生活支援・住まいの5つの要素をつなぐことで、地域で生まれ育ち、歳を重ねた人々が、住み慣れた街で最期を迎えるまで、暮らし続けられるようなサポート体制の実現が目標です。

2012年、厚生労働省も「地域包括ケアシステム」を提言していますが、これは私たちが目指す社会像と一致します。厚生労働省の言葉を借りると、「地域包括ケアシステム」とは、「高齢者の尊厳の保持と自立生活の支援の目的のもとで、可能な限り住み慣れた地域で、自分らしい暮らしを人生の最期まで続けることができるよう、地域の包括的な支援・サービス提供体制（地域包括ケアシステム）の構築を推進」すること。

それは、地域住民の力を借りながら、ときには高齢者が地域のために力を貸し、単純に寿命を延ばすだけでなく、住み慣れた地域で自分らしくいきいきと生きがいを持って暮らせるような社会です。地域全体が病院で、道路が病院の廊下、サービス付き高齢者向け住宅がナースステーション、そして、公民館がコミュニケーションの場となり、0歳から高齢者までが相乗効果を出しながら暮らせる仕組みづくりを実現しているのです。

こうした環境整備は、これからの日本にとって急務です。ご承知のとおり、日本は少子高齢社会に突入しており、社会保障費も激増。すでに行き詰まりを見せ始めています。さらに、2025年までには、団塊の世代のほぼすべての人口が75歳に到達して、さらに膨大な高齢者の社会保障費がかかるようになります。そうなると、日本の財政は確実に危機に陥るでしょう。こうした状態を未然に防ぐためにも、医療も介護も予防・維持・改善型サービスを実施し、元気で長生きできる人を増やすことが重要です。少子化と高齢化は車の両輪ととらえ、一億総活躍社会を実現することが日本の財政危機を防ぐ一番の策と考えています。

「地域包括ケアシステム」で社会保障費を7桁削減

私たちが目指す「健康・安心・絆ライフライン」「地域包括ケアシステム」としてのモデルを埼玉県の和光市で実践しています。

同地では当社が和光市からの委託を受け、「和光市新倉高齢者福祉センター」と「和光市北地域包括支援センター」を運営しています。前者は、〝介護予防小規模多機能型居宅介護〟と〝老人福祉センター的機能〟を担い、〝介護・予防〟を主目的としています。一方後者は、高齢者・障害者・子育てなど、トータルな支援が目的です。2012年には天皇皇后両陛下の行幸啓を賜りました。

くわえて、同地では、サービス付き高齢者向け住宅「日生オアシス和光」も運営。こちらは、施設内に通所介護、訪問介護、居宅介護支援、定期巡回、診療所、調剤薬局、配食サービスなどのさまざまな機能を持つ高齢者の住まいです。

2009年には、国土交通省による「高齢者居住安定化モデル」にも選定され、安倍内閣総理大臣をはじめ、塩崎厚生労働大臣や三浦老健局長、アセアン・日本社会保障ハイレベル会合の13ヵ国の方々なども視察に来られています。

高齢者の健康寿命の延長を目指すこれらの施設では、要介護度が高レベルだった人々がどんどん改善するケースが増えています。要介護度3だった方が介助を不要とするまでに改善し、地域の支援事業に参加。さらには、今度は自らがリーダーとなって支援することで、毎日の生活に生きがいを持つ人も多数現れるようになりました。若い頃に植木屋をしていた人は庭を整え、元大工は椅子の綻びを修復する先生になり、スタッフや利用者に手を貸してくれるといった具合です。

こうしてやりがいを得た高齢者の人生は充実し、さらにいきいきと、健康で充足した暮らしを送れるようになります。その結果、和光市北エリアでは、2014年には17人分の介護費用を9ヵ月で270万円削減することができました。

この和光市での取り組みは全国でも注目を浴びていて、天皇陛下をはじめ、多くの施設や自治体の方が視察にみえています。また、当社でも、研修会を開くなどして、ノウハウをコーチングしています。介護事業者、サービス提供責任者、ケアマネジャー、包括支援センターの職員、行政の担当者など、セグメントを細かく分け、段階別にトレーニングを施していったところ、全国で多大な成果を得ることができました。

たとえば、介護保険料の上昇率が28・8%と全国ワースト1だった自治体が、当社の研修を受けた次の期には、上昇率を4・6%にまで抑えることに成功しました。これは、全国でもトップの成績。また、東京都内のある自治体でも、他区の介護保険料が軒並み上昇する中、唯一その区だけ保険料を抑えることができたというケースもあります。

こうした実例からもわかるように、「地域包括ケアシステム」というのは、高齢者に活力を与え、介護保険料削減に大きな効果をもたらします。これを全国に拡大していけば、どれだけ効果が上がるのか計り知れません。

廃墟となりつつある団地を再利用した住まいを提供

和光市では、健康寿命の延長、そして、社会保障費の削減という大きな成果を得ることができました。そして、こうした成果に関心を持ってくださった「独立行政法人都市再生

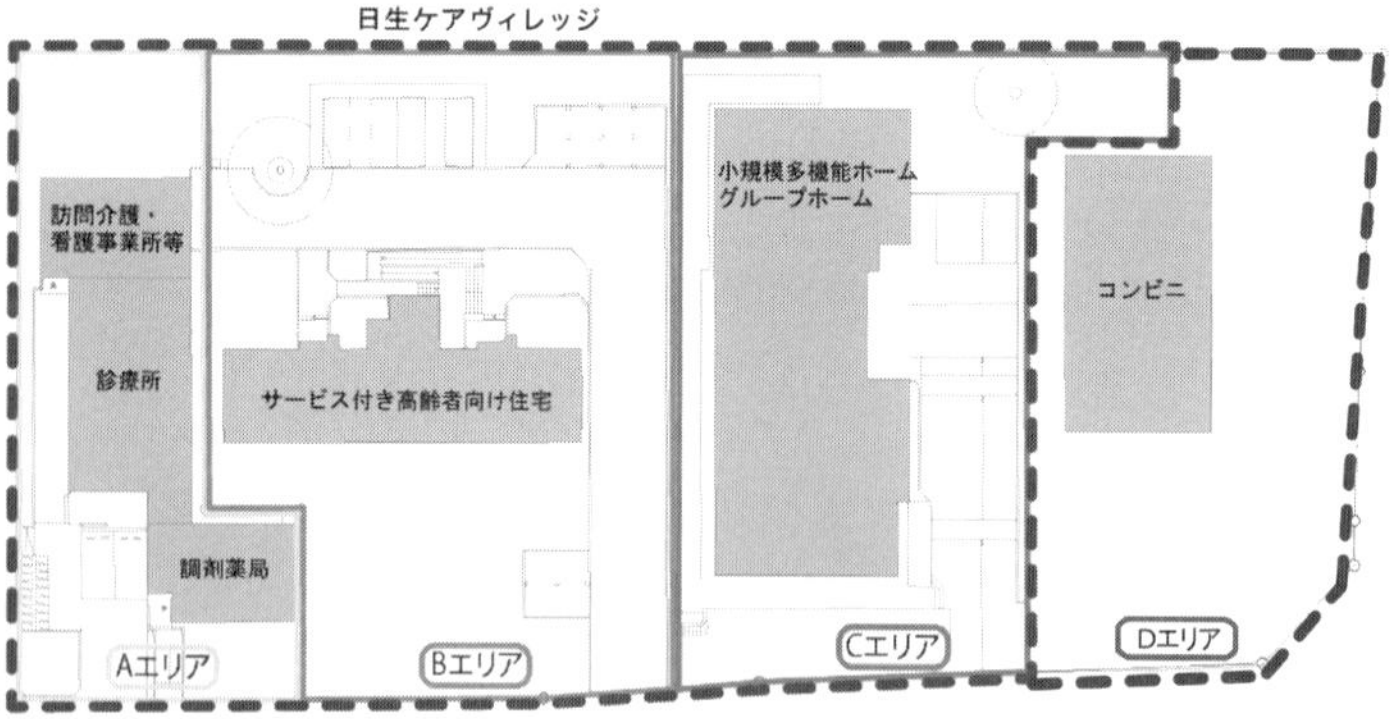

医療・介護・生活支援・住まいを完備した「日生ケアヴィレッジ」のエリア見取り図。“終の棲家”として、住み慣れた地域で、安心していきいきと住み続けることができる。

機構（UR都市機構）」と当社がパートナーシップを結んで取り組んでいる事業が「日生ケアヴィレッジひばりが丘」です。

「日生ケアヴィレッジひばりが丘」の大きな特徴は、〝団地の再生〟も目的としていることです。ひばりが丘団地は、UR都市機構の前身である日本住宅公団が開発した団地ですが、入居者が高齢化し、建物も古くなり、住民も減少し続けています。その再生事業の一環として、「日生ケアヴィレッジひばりが丘」は始まりました。

「日生ケアヴィレッジひばりが丘」には、当社が和光市で培ったノウハウを提供し、訪問介護やグループホーム、小規模多機能ホーム、診療所、コンビニエンスストア、調剤薬局などの施設を敷地内に集約しています。

「日生ケアヴィレッジひばりが丘」内にあるサービス付き高齢者向け住宅「日生オアシスひばりが丘」は、老朽化した団地をリノベーションして利用しています。建物は5階建てですがエレベーターがなかったので新設し、バリアフリーの改修も行いました。近くには、コンビニエンスストアや医療機関もありますから、生活の利便性も保証されています。

そこに住む高齢者は、地域のイベントやボランティアに参加したり、技能を生かした教室を開くなど、地域貢献にも力を発揮。また、保育所との交流なども含め町おこしの役割も担っています。

こうした交流を通して、「認知症になってもあの住まいに行けば安心」と地域住民に思ってもらったり、働いているスタッフを見て「介護職はカッコイイ」ととらえる若者が増えてくれたら…と考えています。

UR都市機構では、「日生ケアヴィレッジひばりが丘」のような空き家を利用した団地再生を全国100ヵ所で行おうと構想しているとのこと。当社も、ノウハウなどのソフトを提供することで協力していきたいと考えています。

空き家・空室問題の解消にあたっては、自治体や国も積極的に財源を確保するべきです。特養（特別養護老人ホーム）を1ヵ所つくろうとすると、建設費や人件費などはサービス付き高齢者向け住宅と比べて約5倍かかります。空きスペースを高齢者介護施設や保育所などの社会福祉施設に転用していくことで、問題は解決に向かうのではないでしょうか。

幼児から高齢者まで安心して暮らせる社会を実現したい

日本生科学研究所では、保育所の運営も行っています。

この事業では、もともとテナントだった物件やマンションの一室など、空室をリノベーションして、保育所に転用するケースが多くあります。今後も、保育所の社会的な需要が増加していくことは確実ですから、空き家などを保育所として活用するケースも増えていくでしょう。

そして、こうした場所の確保とともに、重要なのが保育士の確保です。現在保育士は、深刻な人手不足の状況です。募集をかけても集まらず、保育所設置の認可は下りているにもかかわらず、開所できないケースもあるのです。一方で当社は、保育所を開所するにあたっても企業努力でうまく人材を確保できています。それは、「日生薬局」を中心とする企業基盤の信頼性や福利厚生の充実などが評価されてのことでしょう。

ひと口に空室の解消といっても、単に場所を埋めればよいというわけではないということです。何の目的でスペースを利用するのか、スペースを利用する人がいきいきと暮らし、働けるのか、さまざまな要素がうまくかみ合う必要があり、それを目指すことは、日本社会が抱える多くの問題の解決につながっていくと思います。

「自助」「互助」「共助」「公助」と、4つの助に加え、医療、介護、住まい、予防、生活支援の5つの分野をカバーし、老若男女が活躍できる「地域包括ケアシステム」を実現すること。私たちはこの実現を目指すことを通じて、空室問題などの解消はもちろん、少子高齢化社会の課題に挑戦し地域社会を明るく元気にするという、まさに、「一億総活躍社会」の土台をつくるサポートをしていきたいと考えています。

精神障がい者の賃貸住宅入居をサポート
空室を支援用賃貸住宅に転用し、社会復帰も促す

価値住宅株式会社
代表取締役　高橋 正典

価値住宅からの提案

- **賃貸物件に入居できずに困っている人に目を向ける**
- **空室を活用した、精神障がい者の入居支援を組織化して行う**
- **精神障がい者の入居に必要なケアを徹底し、オーナー側の理解を得る**

Company Profile **価値住宅株式会社** (旧：株式会社バイヤーズスタイル)

住宅の資産価値向上を目指し、維持管理にまで責任を持って取引を行う売買物件を専門としている不動産会社です。購入者（＝バイヤー）側に立ったエージェントとして物件購入をサポートする「バイヤーズスタイル®」、そして建物一つひとつに付加価値を見出し売却を成功させる「売却の窓口®」の両事業を核とする、特に中古住宅の売買に精通したエージェント型不動産企業です。物件の維持管理状態や購入した際のリスクなどの情報も購入者側に正確に伝え、中古住宅に関する不安をすべて取り除いてから売買してもらうシステムをつくることで、全国の一戸建てや中古マンションなどの物件の空室解消にも貢献。そして、それらのノウハウを生かし、空室解消のための新たな試みとして、精神障がい者の賃貸物件入居サポートを開始します。

新たな需要を掘り起こし、空室問題の解消を図る

空室を解消しようとした場合、まず思いつくのが、部屋の抱える問題を解決するアプローチです。たとえば、家賃を下げたり、中古物件をリノベーションしたりといったことです。私も不動産コンサルティングをする立場から、そうした提案をすることもあります。

しかし、ある疑念をずっと抱いていました。この方法では、物件間で賃借人の移動が起こるだけで、全体的な空室自体はそれほど減らないのではないかと。人口が減少している現在の日本では、新たな需要を掘り起こさない限りは、今あるパイの奪い合いになってしまうわけです。

もちろん、古い物件をリフォームして、長く有効活用するのは非常に合理的なことで、推進すべきだと思います。しかし、日本全体の空室を確実に埋めていくためには、それと並行して、新たな需要を生み出す必要があります。

そこで当社は、障がい者が賃貸住宅を借りづらいという状況に目を向け、国策との整合性を考えました。2016年4月1日、新たな法律が施行されます。それが「障害を理由

とする差別の解消の推進に関する法律（通称「障害者差別解消法」）です。障がいの有無によって分け隔てられることなく、相互に人格と個性を尊重し合いながら共生する社会の実現を目指すものですが、国が規定する障がい者とは、障害者基本法第2条で「身体障害、知的障害、精神障害（発達障害を含む）その他の心身の機能の障害があるものであって、障害及び社会的障壁により継続的に日常生活又は社会生活に相当な制限を受ける状態にあるものをいう」とされています。この法律の目指すところは正しいといえます。しかしながら、これまでも障がい者に対するさまざまな施策が講じられてきましたが、決して現場のニーズと合致していたとは言い切れません。もっと民間レベルにおける対応を考えるべく、障がい者に対する専門的な知識を有する弁護士や社会保険労務士、そして成年後見制度を専門とした行政書士といった方々と連携し、社団法人を立ち上げることとしました。

入居困難が続く精神障がい者の賃貸住宅事情

なぜ、私たちが精神障がい者の賃貸住宅問題に取り組もうと考えたのかをご説明しましょう。賃貸住宅への入居について考えた場合、身体的な障がい者は、国の補助が機能しているため、精神障がい者に比べるとハードルは低めです。母子世帯についても、厳しい状況ではあるものの、支援介入している企業が意外に多くあります。しかし、精神障がい者へのフォローは、ほとんどないというのが現状です。

もともと当社は、社会保険労務士などの方々からの紹介で、精神障がいを患うお客さまの相談を受けてきました。「障がいがあるけど、家を購入できるか」「家を借りることはできるか」などの住まいに関する相談にのり、ケースバイケースで対応してきたのです。そして、空室が多くなる一方で、精神障がい者対策が取り残されている時代背景に鑑み、この2つの問題をつなぎ合わせる必要性があると考えました。

精神障がい者に対する行政の支援不足

2011年度の厚生労働省の調べによると、精神に関わる障がい者は身体障がいがある方の約394万人に続いて多い、320万人超の人数がいるとわかっています。これだけの人が困難に直面する可能性があるということですから、精神障がいがある方の住宅問題に関しては、もっと国が積極的にサポートしていくべきではないでしょうか。

２００７年に国が「住宅確保要配慮者に対する賃貸住宅の供給の促進に関する法律」を定め、その中で、高齢者、被災者、障がい者、子どもを育成する家庭の人といった人たちを住宅確保要配慮者として定義しました。住宅確保要配慮者の入居を条件に、リフォーム費用を行政が負担するなど、賃貸物件を借りやすくする動きは確実に活発化してきているのです。ところが、ここで補助を受けている障がい者は、ほとんどが身体障がい者です。定義の中には精神障がい者が含まれているものの、要件などからすると、実質、精神障がい者に対してこの法律はあまり機能していません。

不動産業界は、国土交通省の住生活基本法に基づく住生活基本計画によって、２００６年から５年ごとに見直しを行っているのですが、次の見直しは幸いにも２０１６年。今年です。私たちはその際にも、精神障がい者に対する住宅の確保についてもっと配慮してもらえるよう、行政に働きかけていこうと準備しています。

精神疾患者を取り巻く社会的な背景と支援方策

日本は世界の中で最も精神科病床数が多い国です。入院日数についても他の先進国の平均が50日以内であるのに比べ、日本は平均３００日。入院治療の必要がないにもかかわらず、入院し続けている患者がいるということです。こうした現状の背景には、「病院を出たら受け入れてくれるところがない」という地域社会の受け入れ態勢不足があるでしょう。日本の精神科医療が、歴史的に患者を隔離収容してきた影響で、諸外国と比べて、地域が精神疾患患者を受け入れる土壌が育っていないのです。

一方で、精神障がいが快方に向かっている人の中には、積極的に社会の一員として生活したいと考える方も多数います。ところが、病院から退院して、賃貸住宅を借りようと考えたときにまず直面するのが、精神疾患の既往があるために入居を断られるという問題です。一部の精神病院ではアパートを借り上げ、精神疾患患者を入居させるという自立支援を行っていますが、それだけでは限界があります。だからこそ、私たちは一般社団法人「精神障がい者入居支援のための空き家活用」を立ち上げ、住居確保に貢献する事業に取り組もうと決心したわけです。

この事業で実施を検討している精神障がい者の賃貸物件入居支援の態勢は2通りあります。

まず、精神障がい者に対する保証を手厚くして、賃貸契約を結ぶというのが一つの方法です。親が保証人になれないなどの事情で一般的な賃貸借契約を結ぶことが難しい場合、まず保証会社に保証委託をします。その際、保証会社が必ず要求するのが緊急の場合の連絡先です。ここで私たちの団体が受け皿となります。

もう一つは私たち社団法人が賃貸物件を借り上げ、入居を希望する精神障がい者の方と賃貸借契約を結ぶというものです。まだ現在のメンバー構成では多くのことができないため、これからコツコツと続けていく中で、支援者をいかに増やしていけるかがこれからの課題になるでしょう。

定期借家契約により、オーナー側の理解を得る

精神障がい者の入居に際して、賃貸物件のオーナーの懸念を解消し、理解を得ることについても十分な対策をとる必要があると考えています。

オーナーが最も心配するのは、入居後に犯罪や迷惑行為が起こらないかということです。現在、病院を出た方の定期巡回は、地域の自立支援センターが中心となっていますが、問題はほぼ起こっていません。きちんとネットワークを組んで定期的な訪問活動をしていく

ことで、そういった不安は解消できるでしょう。

データ上、1年で起きる一般刑法犯のうち、精神障がい者による刑法違反の割合は約1%。しかも、その多くが処方された薬を飲んでいなかったり、それまで精神障がい者と診断されていなかったりする人たちです。精神疾患の病識があり、薬の処方を守っている人たちはほとんど刑法違反を起こしていないということです。こうした現状を踏まえて、私たちは退院後の服薬までをも含めてしっかりと支援し、精神障がい者に関する誤ったイメージを払拭していきたいと思います。

さらに、オーナーに対する直接的な保全として、定期借家契約の採用も考えています。オーナーが抱く懸念の中には、入居した精神障がい者が変わった言動をする影響で、ほかの入居者が出てしまうのではないかということもあります。たとえば奇声を上げたり、人をじろじろ見るといったことです。通常の賃貸借契約では、よほどの理由がない限り、オーナー側が更新を拒絶することはできませんが、定期借家契約であれば、決まった期間ごとに契約を見直すことが可能です。これにより、オーナーをある程度保全することができるでしょう。

空き家や空室が多いという問題を考える際には、まず賃貸物件に入居できずに困っている人に目を向けるということが必要ではないかと思います。世の中には、まだ住宅を借りたくても借りられない人が大勢いるからです。一般的な日本人は、自分の周りに障がい者がいて困っていても、どこか他人事です。まして精神障がい者は、その状況が単純でないために、住宅確保要配慮者の中に含まれていながら、保護の恩恵も受けられないままでいる。こうしたゆがんだ状況に対する問題提起を行政や社会に対して行うことで彼らの住居確保に貢献するとともに、空室状況の改善を図りたい。それが私たちのミッションだと思っています。

※私たちは「障害」の「害」の字を使わないことをポリシーとしていますが、法律用語では「害」が使用されています。そのため、法律にふれている部分のみ、「害」と表記しています。

第5章

不動産価値向上

空室を埋めるためのストレートな対策は、
当該不動産の付加価値を上げることでしょう。
一味違うリノベーションや立地に合わせた売り出し方、
シェアハウスにおける鍵問題の解決など、
不動産のスペシャリストならではの価値向上対策を
ご紹介します。

不動産シェア時の「鍵」問題を解決
ハードとソフトの両面サポートで空室問題解消を支援

株式会社ライナフ　代表取締役社長　滝沢潔

ライナフからの提案

- **不動産をシェアオフィスや民泊などの新たな用途に対応させることで空室を解消**
- **スペースシェア時の鍵の管理に関する問題に着目する**
- **不動産活用に必要なハード・ソフト、両面の開発に柔軟に対応する**

Company Profile **株式会社ライナフ**

2014年11月に創業。2015年2月に、鍵を持っていなくても、スマートフォンを利用して解錠ができるスマートロック「ニンジャロック」をリリースしました。この商品が話題を呼び、新聞や雑誌、WEBなど、さまざまなメディアで取り上げられるように。2015年8月には、会員制のルームシェアサービス「シェアルーミング」を発表するなど、空室の新たな利用方法を提案しています。目指すのは、不動産の有効活用。今後、ハードとシステムの双方を開発する総合メーカーとして、空室問題を解消するために有用な手段の提供を予定しています。

スマートフォンで鍵を開け閉めできる「ニンジャロック」

当社は、空室問題を解消するため、各種デバイスやアプリなどを組み合わせた総合的なシステムを提供したいと考えています。その第一段であり、現在の主力商品となっているのが「ニンジャロック」です。

「ニンジャロック」を簡単に説明すると、スマートフォンと連動して、施錠や開錠ができる鍵のこと。こうしたタイプの鍵は〝スマートロック〟と呼ばれ、現在、大きな注目を集めています。

使い方は簡単です。「ニンジャロック」にサムターン（室内で解錠／施錠を行う部品）

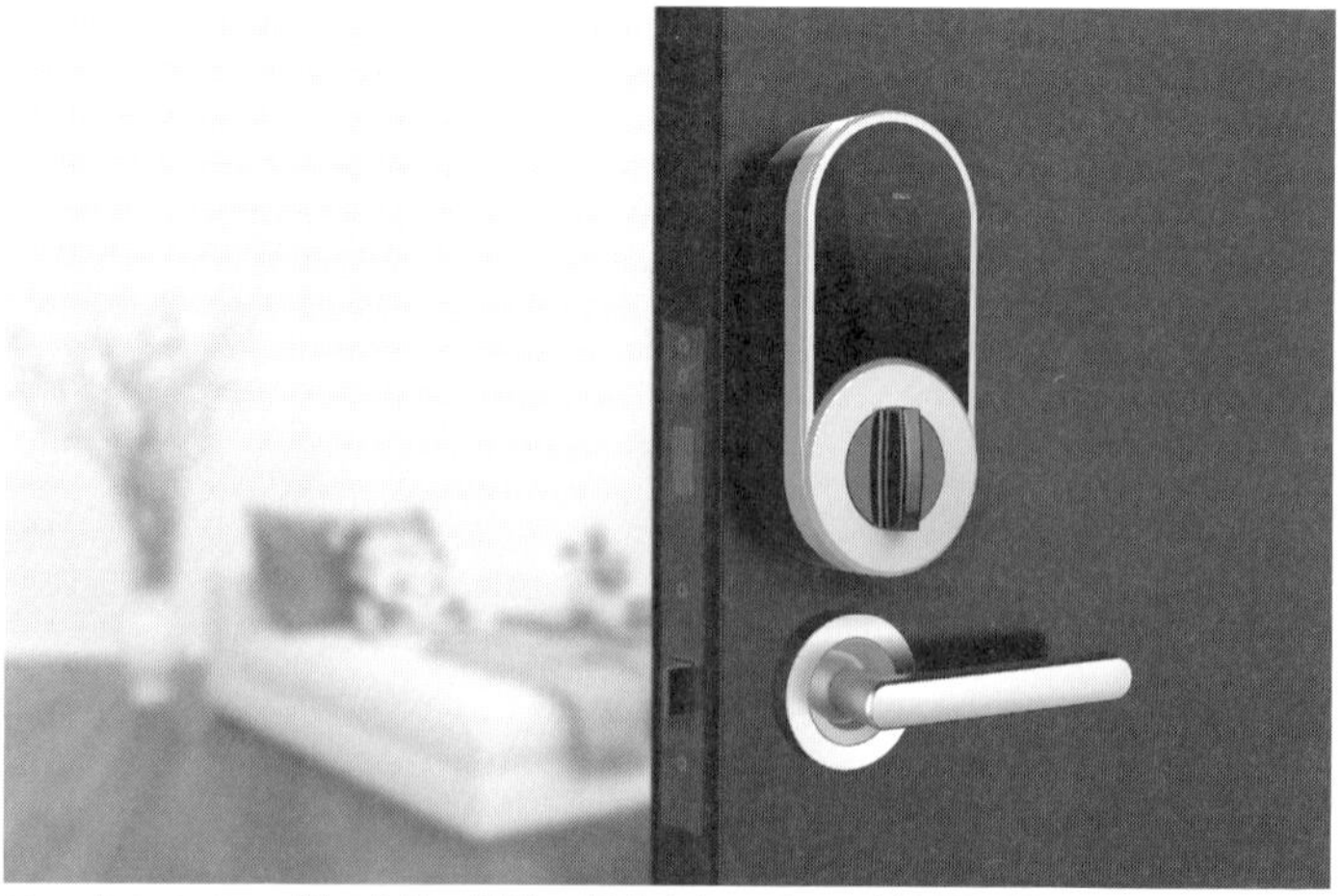

スマートフォンのアプリで施錠・解錠の操作をすることで、鍵を開け閉めできるスマートロック「ニンジャロック」。インターネット経由での施錠・解錠や音声通話による操作にも対応。単三電池４本で約１年間利用できる。

をはめ込むようにしてドアに貼り付け、スマートフォンの設定をするだけ。あとは、アプリで施錠・解錠の操作をすることにより、鍵を開け閉めすることができます。ニンジャロックは他社の商品とは異なり、Wi-Fiモジュールを搭載しています。そのため、インターネット経由での施錠・解錠が可能なほか、音声通話による鍵の操作も可能。いわゆるガラケーでも利用できるのが強みです。また、「ニンジャロック」がサムターンを回転させる仕組みになっていて、大がかりな工事は不要で、従来のキーもそのまま利用することができるのです。

「ニンジャロック」を利用する最大のメリットは、鍵の受け渡しをしなくても鍵の開け閉めができること。たとえば、共働きの家庭では、子どもに鍵を持たせなくても、スマートフォンさえあれば鍵が開けられますから、紛失のリスクを軽減できます。また、開け閉めの記録が残りますので、安全面の管理もしやすくなるでしょう。

単三電池4本で約1年間利用でき、新たに電源を確保する手間も不要です。また、ドアに両面テープで貼り付けるようにして利用するので工事の手間はなく、誰にでもすぐに使い始めることが可能です。

ひと口にサムターンといっても、さまざまな形状があり、製品のパッケージ段階から、すべてのサムターンに合うように部品を整えるのは不可能です。そこで当社では、3Dプリンターを導入。標準パッケージのサムターンに合わないタイプの鍵を利用中の方から注文を受け、自社で製造して郵送する体制も整えています。これにより、コストの削減と、お客さまの導入費用の低減が可能となりました。

民泊やシェアオフィス、不動産業者の鍵管理の問題を解消

「ニンジャロック」を利用すれば、実際に顔を合わせなくても、解錠する権利を付与できます。携帯電話の番号さえわかれば、開錠する権利を送信し、その有効期限を管理することも可能です。

家庭でも利用できる「ニンジャロック」ですが、最も力を発揮するのは、特定多数の人が利用する物件の施錠管理でしょう。たとえば、シェアハウス、Airbnbなどのような民泊形式の宿、複数の人でワーキングスペースを共有するシェアオフィスなどに打ってつけです。わざわざ面会する手間を省けますし、合い鍵を渡す必要がないのでセキュリティも担保できます。自分の物件で民泊に興味はあるけれど、安全面の不安を抱えている不

動産オーナーにとって、安心材料の一つになるのではないでしょうか。

また、現在当社では、不動産業者向けのスマートロックも開発中です。不動産業者がお客さまを案内するときには鍵の受け渡しが問題となりますが、解錠や施錠をリモートで行えるようになりますし、エントランスのオートロックにも対応すれば、さらに便利になるはずです。私たちは、「ニンジャロック」をはじめとするさまざまな商品の開発を通じて、不動産活用に関するお手伝いをしたいと考えているのです。

不動産の有効活用と鍵の関係

私は、既存の不動産を有効活用するサポートをしたいという強い思いを抱いて起業しました。大学卒業後、不動産会社に就職した私は、売買仲介や賃貸仲介の業務を務めていました。その後、三井住友信託銀行で不動産投資の関連業務に就きます。仕事を通じて、不動産が大好きになった私は、24歳の頃に自分でも不動産投資を開始。30歳で合計4棟のビルやマンションを所有するに至ったところで、空室問題に直面したのです。

空室に困ったとき、どのような対処ができるか。まずは、賃料を下げる、リフォームをするなどの対策が思い浮かびます。そのほかにも、仲介業者とまめに連絡をとり、自分でも営業用のチラシをつくるなど、さまざまな工夫をしました。
しかし、こうした施策だけでは、どうしても埋めることのできない物件もあります。たとえば、バス・トイレが一緒になっているようなワンルームは、現在あまり人気がありません。また、駅から遠いテナントビルも需要は激減しています。そのような物件を埋めるのは容易なことではありませんでした。

そこで思い至ったのが〝シェアリング〟です。余っている中途半端な土地を有効活用した例として時間貸し駐車場がありますが、それと同様のサービスを不動産で展開しようと考えたのです。

その頃、不動産の時間貸しサービスは、すでに一部で始まっていました。シェアハウスやシェアオフィス、コワーキングスペースなどのサービスが普及し始め、Ａｉｒｂｎｂなどの民泊もその兆しを見せ始めていた時期のことです。そこで問題になっていたのが、施錠管理です。鍵を管理する方法や受け渡し時にどのようなフローをとるべきかについて誰もが頭を悩ませていました。そして、その問題を解消するには、スマートロックが最適だと考えたのです。スマートロックを普及させ、不動産をより有効に活用するお手伝いをしたい。ニンジャロックを開発した背景には、こんな思いがありました。

スペースシェアサービスに会員制を導入

2015年夏には、スペースの時間貸しサービス「シェアルーミング」も開始しました。Airbnbや本書にも登場する「エイチ」など、スペースのレンタルサービスはいくつかあります。どれも、スペースを貸したい人と借りたい人を結びつける優れたマッチングサービスではありますが、当社の特徴は会員制を取り入れていることです。

不動産オーナーや管理会社の中には、不特定多数の人に出入りしてほしくないという方も多いということを、私は経験上知っていました。たとえば、マンションの一室や会社の会議室を貸し出してもいいけれど、セキュリティ上、面識のある人や一度面談などをした人でなければ許可できないという具合です。

「シェアルーミング」の仕組みは、まず不動産オーナーが自分の会員クラブとなるシェアクラブをつくり、そのクラブへの参加を承認した人にだけ部屋を予約する権利を与えるという流れとなっています。料金は時間単位の課金制も可能ですし、月額料金を設定することもできます。たとえば、月額1万円でワンルームマンションを使い放題という設定もできるわけです。ユニークなところでは、テーブルゲームをプレイするための会員ルームをつくった人もいました。

ハード・ソフトの両面から不動産活用をバックアップ

「ニンジャロック」や「シェアルーミング」は、不動産活用を支援するためのデバイスでありサービスです。こうした自社の商品を組み合わせ、空室問題に対する総合的なアプローチをしていければと考えています。

現在は、Ａｉｒｂｎｂなどの利用者がチェックインした後に水回りや照明などのトラブルが生じた際、管理者が直接現地に赴かなくてもすむように、使い方の案内やビデオチャットが可能なタブレットアプリの開発を行っています。２０１６年にはサービスインする予定ですが、これを活用することで、民泊に所有不動産を提供するハードルはさらに下がるでしょう。今後も、ハード・ソフトの双方を開発できるメーカーとして、不動産活用のためのシステムづくりに携わっていくつもりです。

私は、不動産が大好きなんです。空室を見ると、悲しくてたまりません。少子高齢化の影響でさらなる空室の増加が懸念されていますが、その活用法を考え出すために、全力でサポートしていきたいと思います。

不動産の付加価値を向上させる
オーナー目線のプロパティマネジメント

共同施設株式会社　代表取締役社長　小松章彦

共同施設からの提案

- **安易な値下げは、エリア全体の値崩れをまねく**
- **インバウンドなど、新たな需要を取り込んだ物件運営が必須**
- **オーナーと真摯に向き合い、不動産の付加価値を引き上げる**

Company Profile **共同施設株式会社**

1949年創業。ビルオーナー業を主業務としてスタートし、全盛期には80棟を所有していました。現在は自社で物件は保有せず、プロパティマネジメント（不動産管理）を主な事業としています。戦後間もない頃から東京の中心部にビルを所有し、管理していた経験を生かし、時代に即した物件管理を実施。空室対策を含め、不動産の価値向上を目指し、トータル的にオーナーをサポートすることを目的としています。企業理念の一つに、「信用を重んずる企業」を掲げ、不動産のオーナーやテナント企業との信頼関係を築くとともに、常に関係者全員の利益を考えながら行動しています。

オーナーの気持ちを熟知したプロパティマネジメント企業

当社は、オフィスビルのプロパティマネジメント（不動産の管理）を主な事業とする企業です。業務範囲は広く、ビルメンテナンスだけでなく、テナントの募集業務から審査業務、賃貸借契約の取り交わし、入居時のフォロー、退去に伴う清算手続きなど、不動産経営に関する業務を一貫して請け負っています。

創業は１９４９年。東京の千代田区、中央区、港区を中心に不動産を所有し、賃貸するビルオーナー業からスタートしました。ピーク時にはおよそ80棟弱のビルを保有し、自社で管理。その実績があるからこそ、一般的なプロパティマネジメント会社よりも、ビルオーナーの立場に立った管理が可能だと自負しています。

２０１６年には創業67周年を迎える当社ですが、謄本上の創業は２００５年になっています。なぜ、そのようなことが起こったのか。当時、バブルの崩壊から長引く不景気のあおりを受け、共同施設は債務超過とまではいかないものの、追加投資は望めない、苦しい経営状況に陥っていました。そして、当社が保有していた物件の債権を銀行が手放したのです。それを外資系ファンドが落札し、新たに共同施設株式会社を設立します。それが、現在の共同施設です。当時の役員や従業員の全員が、新しく設立された共同施設に転籍し、それまで所有していた物件は、そのまま新会社でマネジメントすることになりました。この機を境に、共同施設は純粋なプロパティマネジメント会社に生まれ変わったのです。

組織体制も大きく変わりました。当社がオーナーならば、管理上必要な判断は社内で完結することができます。しかし、所有者が別にいる不動産は、そうはいきません。信託財産として不動産をマネジメントする必要があります。当時、係長だった私は、社内でプロパティマネジメントの専門家としてキャリアを積んでいたことから、外資系ファンドの担当者の目に留まり、２０１０年には代表取締役社長に就任することになりました。

現在も、自社では一切物件を保有せず、２０１５年10月末現在で、約１００棟の建物をお預かりして管理しています。

建設ラッシュのその先にあるもの

東京などの都市部を見渡してみると、建設ラッシュといえる状況にあります。すでにオフィスビルは供給過剰ぎみであるにもかかわらず、さらなる乱立状態に突入しようとしているのです。

そのとき、どんなことが起こるのでしょうか。現在の景気上昇に合わせて売り上げを上げた企業の中には、新しく完成したオフィスビルに移転する企業も多いはずです。一方、日本はそれほど起業しやすい社会体制にはなっていないので、企業数の急増は見込めません。つまり、新たな借り手はいないということで、既存のビルには玉突き状に空きが生じてしまうわけです。

そうなると、築年数がたったビルは、借り手をキープするために賃料を下げざるを得なくなります。そして、周辺に空室が生まれ始めると、今度はさらなる価格競争が始まります。同じ立地・築年数の物件が複数空いていれば、やはり安いほうに目が向くというのが借り手の心理。オーナーが、安くてもいいから借り手を入れようと考えると、エリア全体の値崩れが始まり、全体的なパフォーマンスが落ちていってしまうのです。その連鎖で経営が悪化し、金融機関が物件を差し押さえるに至ります。それを、ファンドや資金が潤沢な投資家が購入する。こうしたスパイラルが常に発生するようになるわけです。

このような状況の中で、満室稼働を維持しながら不動産を運用するのは困難です。管理会社が一括で借り上げて賃料保証するサブリース、バランスシートから切り離す流動化など、さまざまな貸し方はありますが、旧来型の手法には私も限界を感じています。当社の中心商圏である中央区や千代田区、港区など東京の中心部でも、その状況は変わりません。インバウンド需要の取り込みなど、新しい手法の開発が必要でしょう。

空室を埋めたくない物件オーナーとは？

当社の目的は、顧客の希望を取り入れながら、不動産経営に関する実業務を行うことです。その中には、当然、空室対策も含まれます。しかし、空室に対する考え方はオーナーによってさまざまです。

長年、同じ場所で物件を所有されているような方は、自分の資産として、不動産を育てるような感覚で10年、20年後の物件のことを考えています。空室を埋めるだけではなく、それによって不動産のバリューを上げることができるかということも重視されるわけです。価値という観点でいえば、まずは家賃が思い浮かびますが、その不動産が地域にどのような貢献ができるのかということも、物件の価値に関わります。

オフィスビルの看板となる一階部分のテナントがいい例でしょう。いわばビルの顔であり、街の雰囲気を形づくる場所でもある1階に、どんなテナントを入れることができるか。それによっても物件の価値は変動します。

例をあげるなら、1階に都市銀行が入ったとします。都市銀行はコンプライアンスを重視しますから、当然、反社会的勢力とつながっているようなオーナーからは絶対に不動産を借りません。そのため、ビル全体の信頼性が増し、周辺地域の印象もよくなるといった具合です。

一方で、投資ファンドにとって、不動産を取得する主な目的は期中配当を得ることと、キャピタルゲイン（売却益）を得ることです。したがって、ファンドがオーナーとなった場合には、積極的に空室を埋めないケースもあるのです。なぜなら、賃料を自由に設定できるからです。

たとえば、周辺の物価が急激に上がったという場合でも、一度契約した賃料を値上げするのは困難です。賃料の改定時期は法律によって定められていますし、心情的にも難しいでしょう。さらに、数十年単位で入居しているテナントがある場合には、賃料が実勢価格よりも大幅に低く設定されているようなケースもあり、こちらの値上げもまた困難です。

結果として、優良なテナントが入っていたとしても、オーナー側が退去を望むこともありますし、物件を売却しないまでも、大がかりな修繕工事をするよりは、ビル全体を建替えてしまったほうが効率がよいと判断されるケースも少なくありません。したがって、入居者がいないほうが歓迎されるということがあるのです。こうした現状も、空室問題を複雑化させている一因といえるでしょう。

ビルのスペシャリストとして

当社はプロパティマネジメント企業として、こうしたさまざまな交渉の現場に立ち会ってきましたが、どんな場合にも、必ず心がけていることがあります。それは、お客さまに対して、誠心誠意、信頼していただける態度をとること。エンドユーザーとオーナーの間に立つプロパティマネジメント企業としては、絶対に必要なことです。

そして、空室を埋めようとするときにもこうした姿勢は重要です。たとえば、物件を埋めるには大規模な改修工事が必要になることもありますが、その結果として、オーナーがしっかりとリターンを確保できるのかどうか、クライアントの立場に立って、真摯に不動産のことを考えなければなりません。


私たちが管理する約１００棟の不動産は、ほとんどが小~中規模の物件です。街中を歩いているとよく見かける、そんなビルです。しかし、見た目は同じように見えても、管理の手法によっては、付加価値がまったく異なってきます。

たとえば、内外装改修工事。当社では、メンテナンスや工事のエキスパートである協力会社とともに、ビルを長期にわたって管理しているからこそ、表面からは見えない部分の問題点までをも推察。追加工事を必要としない先を読んだ工事計画を立案します。ＯＡ化やエコなど、時代に応じたビル設備を具現化するわけです。

最近では外装のライトアップやブロードバンド対応、耐震面の強度向上などが注目されていますが、このような最新設備の導入も、費用対効果を検討の上で積極的に対応し、付加価値を限りなく高められるように心がけています。

共同施設株式会社

現在は、人口減少や働き方の多様化、起業しにくい風土などが起因して、オフィスの需要も減ってきています。こうした状況の中では、これまでとは違う物件の用途を考えていくことも必要ですが、いかに物件の付加価値を上げていけるかという視点は不可欠です。最近では、「全国空室対策協議会」にも参加し、多様な業種の方々と協力しながら、プロパティマネジメント企業として、もっとオーナーにご提案できることはないかと模索しています。ビルのスペシャリストにしかわからない、私たちにしかできないことは必ずあります。そんな力を生かして空室問題を解消に導くことで、社会にも貢献する。それも、私たちの大きな目標です。

マーケット分析でトレンドや社会的要請を把握し空室解消に貢献する

株式会社不動産鑑定ブレインズ　代表取締役　山路 敏之

不動産鑑定ブレインズからの提案

- 賃料や規模を見直し、
借り手のニーズに合った適切な設定を行う

- マーケットを綿密に調査し、立地やビルの
グレードにふさわしい用途を提案する

- 出産後の母子ケア施設や病児保育施設など、
社会的ニーズに応える施設に空室を活用する

Company Profile **株式会社不動産鑑定ブレインズ**

不動産鑑定とコンサルティング仲介を主な事業とする不動産関連専門家集団です。代表は、慶應義塾大学法学部を卒業後、ホテルや飲食店を展開する実業家のもとで経営者としての資質を学び、その後、1989年に不動産鑑定士3次試験に合格。1994年に株式会社不動産鑑定ブレインズを設立しました。一級建築士や税理士などの専門家とパートナーシップを結び、鑑定・仲介・リノベーション・税務相談などのサービスをワンストップで提供。不動産鑑定を通じて培った不動産観と、マーケットに関する的確な知識で、空室問題に関するソリューションを提案しています。

不動産の価値を決める「価格の三面性」

「不動産の鑑定評価」とは何か、ご存知の方は少ないかもしれません。

不動産の鑑定評価というのは、簡単にいうと、不動産の経済価値（価格・賃料）を判定し、価格で示すことです。では、その価格はどう決まるのでしょうか。要素は3つです。

まずは、「費用性」。これは、その不動産をつくるために、どれくらいの費用（造成費や建築費等）がかかったかという視点からの考察です。次に、「市場性」。鑑定対象と同様の立地・広さ・築年数等の物件の成約事例を調べ、鑑定対象と比較するのです。そして3つ目が「収益性」。その物件を賃貸したときに、いくらで貸すことができてどのくらいの収益が残るかということを分析します。不動産鑑定ではこうした「価格の三面性」を勘案して、価格を決定しています。

もともと、当社はこうした不動産鑑定を専門としていたのですが、私の知識や経験を別の形でも生かしたいと考え、コンサルティング仲介も始めました。

というのも、「銀行から自社ビルを買ったらどうかと物件を紹介されたんだけど、賃貸を続けるのと買うのとでは、どちらが得なのか教えてほしい」とか「自宅の隣人が隣地を買ってくれないかと言ってきたがいくらなら買ったらよいか」など、プライベートでさまざまな相談を数多く受けてきたからです。

私は専門家として、知人として、誠実にアドバイスをしてきましたが、たとえば私がある取引を「適正」とお伝えするということは、知らない業者の取引の背中を押してあげていることともいえると気づき、このような無料サービスを料金をいただくシステムに変えようと考えたわけです。

不動産鑑定士として培ってきた鑑定眼や人脈を生かして水面下の情報もキャッチし、その情報を商品化できることが私の強み。相談を受けた物件を、価格面・用途面でベストな買い手・借り手につなげることを目指し達成してきました。

バブル後に重視され始めた「収益性」

もう一つ、当社の特徴をあげるとしたら、マーケットを読み取る力に長けているということです。

私が不動産鑑定士として独立した頃、前述の不動産の価格の三面性の中では、「市場性」が最重要視されていたのですが、これがある意味バブルの元凶の一つといわれていました。なぜなら、取引事例が鑑定評価額を決定する大きな要素になっていたからです。

たとえば、本来、300万円／坪の価値の不動産が350万円／坪で売れた場合に、この事例を無批判に取り入れてしまうと当該エリアでは割高な350万円／坪という価格を追認することになってしまうのです。取引の異常値を指摘できないと、鑑定評価額はどんどん高くなっていく。バブルの余波が残る当時は、こうした鑑定手法に疑問が呈されていました。

そこで、重要になってきたのが「収益性」です。その不動産を賃貸したときに、どれくらいの収益を上げられるのかということを「収益還元法」という手法を用いて、しっかりと算出すべきだという風潮になったのです。

そのときに必要とされるのが、マーケットを見る目です。更地を活用する場合に、その土地をオフィスビルにするのがいいのかマンションにするべきか。仮にマンションにするとしたら、ワンルームかファミリー向けか。また、マンションの1階にテナントを入れるとするならば、どんな業種がよいのかなど、最もパフォーマンスのよい活用方法を考えなければなりません。私は、こうしたマーケティングが得意でした。

なぜかというと、街を歩くときも常に周囲を見渡し、そのエリアの不動産賃料の相場などはもちろん、あの超高層ビルの1階の物販店の賃料と最上階の飲食店の賃料はどちらがどれだけ高いのか、この古いビルの入り口の狭い地下でどんな業種の商売をするとうまくいくのかと考えたり、実際に調べたりすることをやり続けていたからです。

いつしか賃料相場をしっかりと把握し、説得力ある不動産の有効活用および収支計画を提案することができるようになっていました。独立当時、こうした感覚を持った不動産鑑定士は少なかったため、幸いにも多くのクライアントから信用を得ることができ、それがコンサルティング仲介の仕事にも生かされていると感じています。

また、仕事のパートナーにも恵まれています。たとえば、商業ビル購入時にリノベーションが必要な場合には、コストパフォーマンスの高いプランを提案できる感度の優れた一級建築士がいます。簿価の低いオフィスビルを売却する場合には、手取りを最大限にできるようなアイデアを提示する不動産に明るい税理士がいます。このように、不動産に関するほぼすべての事柄をワンストップで対応できるような専門家をそろえていることも当社の強みで、〝ブレインズ〟という社名の由来もここにあります。

空室対策にはトレンドをとらえた業態の提案も有効

コンサルタントとしても活動している私が、空室に対する解決策を求められたなら、極めて基本的かもしれませんが、まずは、賃料と規模の見直しの検討を提案します。物件の価値が物理的・機能的に劣化していても、現在の入居者に遠慮したり、過去の賃料水準に縛られて、募集賃料を下げられないオーナーは少なくありません。しかし、マーケットに合った賃料設定をしないと、当然ながら成約には至りません。

また、借り手のニーズを調査し、賃貸面積を適切に調整することも大切でしょう。たとえば、立地のよくない場所にあるオフィスビルで、1フロア180坪の空室があった場合を考えてみます。それだけの広さがあると、賃料もそれなりに高額になります。ところが、同じ賃料を出すのなら、多少狭くてもより立地のよいオフィスを借りたいという要望も多いのです。

そのため、こうしたビルの場合はフロアをいくつかに分け、1室の総額賃料を下げたほうが借り手がつきやすくなるはずです。間仕切り壁をつくったり、空調を増やすなどのリフォームが必要になり、オーナーによってはその出費を嫌うのですが、先行投資と見なして決断すべきです。また、大規模修繕工事などは費用対効果も見極めなければなりませんが、耐震性の確保や情報通信対応設備の更新なども必須でしょう。

そして、オーナー自身も漫然と物件を所有するのでなく、経営者目線を持って、不動産経営にあたるべきです。一般的に、賃借人を探す場合は賃貸仲介業者に依頼することも多いでしょう。しかし、賃貸仲介業者はすべての物件に対して平等に力を入れるのではなく、決まりやすい物件から顧客に斡旋していくのが普通です。

私自身もオフィス用と居住用の物件を所有し、賃貸していますが、自分自身の経験からいっても、空室を埋めるにはオーナーの本気度がものをいいます。業者任せにせずに、自身の人脈を駆使するなどの努力を怠らないようにしましょう。

さらにいえば、所有している物件がどのような用途に向いているのかを認識することも重要です。たとえば、繁華街に近いけれど、メインストリートから外れている物件の場合、短所を長所に変えて、隠れ家的な飲食店としてアピールするなど、可能性を追求する姿勢を怠らなければ、「解」は必ず得られます。

常にアンテナを張り、自分の物件がどのような業態に生かせるのかを考え続けることが大切です。

母子のケア施設や病児保育施設など、社会の要請に応える空室活用を

トレンドをとらえることと同様に、空き物件を活用するには、社会の需要に合った使い道を考えることも重要です。私が今でもすばらしいと思っているのは、コインパーキング事業を初めて手がけた会社です。バブル崩壊から数年後、ずっと放置されていた虫食い状態の未利用地が次々とコインパーキングに変わっていきました。建物を建てづらい不整形な土地や狭小な土地を見事に有効活用し、収益物件化した先駆者です。事故や渋滞の原因にもなる駐車違反の解消に貢献するという意味でも、社会的な要請に見事にマッチした事業といえるでしょう。日本人の持つ創意工夫がもたらした典型的な好例だと思います。

空室を改装し、1坪単位でスペースを区切って、倉庫としてレンタルする貸倉庫事業も同様です。現在では、ビル全体をレンタル倉庫にする企業も多数あります。また、個人で起業しやすくなった今、シェアオフィスなど、スペースを共有する使い方も広がっています。こうした社会的需要は時代とともに変化するので、その「兆し」をいち早くとらえる感性を磨くことが大切です。

少子高齢社会にあって、女性の社会進出を考えた場合には、安心して子育てできる環境が必要となります。そのためには、保育所の増加・充実、保育士の待遇改善などはもちろんですが、出産後の子育て支援施設や病児保育施設などにも需要があるはずです。出産後、母子は一般的に4〜5日程度で退院することになりますが、核家族化が進んだ現在では、育児の方法を教わる機会が多くはありません。出産後の子育てを不安に思っている人のために、産後の体力の回復を支援し、育児方法をレクチャーしてくれるような施設はかなり不足しているはずです。

少子高齢社会といっても、じつは、東京都区部では0〜14歳までの人口が増えています。地域ごとの人口構成などの社会的動向をよく把握することも問題解決の糸口になるのではないでしょうか。

最新マーケットデータ提供システムで多彩なアプローチによる賃貸・売買を支援

武蔵株式会社　代表取締役社長　大田智一郎

武蔵からの提案

- **インターネット黎明期に、先駆けとなる不動産管理システムを提供**
- **マーケットデータを取り込み可能な不動産管理システムで、仲介会社の利便性を向上**
- **物件オーナーの理解を引き出す、発展的な提案営業をサポート**

Company Profile 武蔵株式会社

2006年7月設立。不動産業界に特化したクラウドサービスを提供するIT企業です。東京本社のほか、熊本県に2ヵ所の研究開発センターを開設。現地でシステムエンジニアの雇用と育成を行っています。また、空室問題に対する高い問題意識を持ち、空室対策協議会にも参加。会員企業と連携しながら、物件や顧客の管理機能、マーケティングデータの参照機能を搭載した不動産管理システム「FRESH（フレッシュ）」を開発。適正な賃料の算出などを実現し、空室問題の解消を目指しています。

物件管理から広告出稿までの一元管理システムをオーダーメイドで提供

当社は、不動産業界、特に仲介業者向けの業務システム開発を行っている企業です。代表的な商品としては、「マルチユース」があげられます。こちらは、自社で取り扱っている不動産物件の管理のほか、物件検索が可能なホームページの作成、「ホームズ」や「スーモ」などといったポータルサイトへの出稿など、さまざまな機能を搭載しています。さらに、顧客の管理機能にも対応し、不動産取引に関する情報を一元管理できるシステムとなっています。

「マルチユース」は、インターネット上でデータを管理する、いわゆるクラウドサービス。強みは、用途に応じたシステムの調整の要望に、柔軟に早急に対応できることです。不動産管理システムはユーザーごとにニーズが異なり、求める機能も違ってきます。ところが、システムの改修には手間がかかるため、他社のサービスではユーザーのプラットフォームに合わせることが困難なケースも多いのです。しかし、当社はお客さま第一。なかばオーダーメイドのようなかたちで、できるだけ顧客の要望にそったシステム提供を心がけています。

当社以外にも不動産管理システムは多数あり、機能面での差別化はなかなか難しいのですが、こうした顧客本位の姿勢で他社をリードしていこうという考えです。さらに、当社では、不動産業に特化した顧客管理・分析・営業支援システム「顧客大王」や、営業マンと顧客を結ぶ営業サポートシステム「クイックセールス」などもラインナップし、不動産業界の営業をトータルに支援する体制を整えています。

あえて地方に拠点を設け、エンジニアの定着率を改善

大学卒業後、ＩＴ業界で経験を積んだ私はリクルートに転職。住宅情報誌の事業部で働きました。その後、再び転職をして不動産販売会社で経験を積んだのち、１９９９年に当時の先輩とともに独立。不動産業界向けのシステム開発・販売をする企業を設立します。

当時は、一般向けのインターネットが普及し始めた時期でしたが、不動産業界はＩＴ技術の浸透が遅く、主に紙ベースで情報を管理していました。しかし、多数の物件や顧客を管理するためには、ＩＴ技術を導入したほうが効率がよいのは当たり前です。そこで、私

たちがその先鞭をつけるべく、システムの開発を決意しました。
その企業では、不動産ポータルサイトを運営するとともに、「マルチユース」の前身となるようなシステムを手がけていましたが、２００６年、事業分割するかたちで、武蔵株式会社を創立。「マルチユース」の提供を開始し、現在に至ります。

当社は、東京都と熊本県の熊本市および天草市にオフィスを構えています。東京都のオフィスには、営業や管理部門のスタッフだけを集め、システムを開発する人間はすべて熊本県のオフィスに勤務しています。
熊本県にシステム開発拠点を設けたのは、私の出身地であることにくわえ、東京でのスタッフの採用難も一因でした。また、東京で採用したエンジニアは、ほかに仕事の選択肢が多数あるためか、離職率も非常に高かったのです。それでは、技術の蓄積が困難ですし、厚い信頼関係を結ぶのも難しい。そこで、創業から2年後の２００８年に熊本県で事務所を立ち上げました。

とはいえ、熊本県に在住するＩＴエンジニアは少なく、未経験者を採用して育成する必要がありましたが、東京からスタッフを派遣して教育を重ねることで問題をクリア。現在では、すべてのスタッフが3年以上勤務しているという状況になっています。事務所開設から7年間でナレッジもたまり、より精度の高いシステムの開発が可能になりました。テレビ電話などを駆使して、コミュニケーションも密にとっており、長期間ともに働いてくれているからこその信頼感も生まれてきています。

現在、東京と熊本のオフィスで働く人数はそれぞれ10人ほどで、約半数がエンジニアです。その高いエンジニア比率が、顧客の要望に対して、すばやく対応できる体制につながっていると自負しています。

また、東京オフィスの営業スタッフもＳＥの素養を持つ、技術に明るい人間がそろっているので、ユーザーとエンジニアを結ぶ役割をしっかりと果たせています。この両輪体制が、当社の強みといえるでしょう。

営業提案のサポート機能で、空室問題を解消に導く

当社は創業以来、ずっと不動産業界向けの物件管理システム開発に携わってきました。そんな私たちが、空室対策協議会の谷代表をはじめ、業界関係者のアドバイスを受けなが

ら構築したシステムが「FRESH（フレッシュ）」です。

「FRESH」は、「マルチユース」と同じように、主に不動産賃貸仲介業者向けのシステムですが、その最大の特徴は、賃貸物件やお客さまに関する物件管理機能だけでなく、マーケットデータの分析機能が盛り込まれているということにあります。

「FRESH」は、仲介業者が入力する取引データや、国土交通省が公開する「土地総合情報ライブラリー」（地価や不動産取引価格などの情報を提供するシステム）データ、同じシステムを利用しているユーザーの取引情報などを逐次取り込み、自動で蓄積・分析する仕組みになっていて、物件の周辺地域の相

マーケットデータの分析機能を盛り込んだ物件管理システム「FRESH」。さまざまなデータなどを逐次取り込み、蓄積・分析できるのが特徴で、最新データに基づいた説得力のある提案をサポートする。

場や成約状況・事例などの最新データを参照可能です。

「ＦＲＥＳＨ」を利用すれば、不動産を探している人やオーナーに対して、最新のデータをもとにした説得力のある説明ができるようになります。

営業の履歴が残るので、オーナーも、仲介業者が自分の物件をどう案内してくれているのかを知ることができ、安心感を持てるでしょう。また、ホームページに掲載されている物件の場合は、ページビューや案内件数なども把握できるため、エンドユーザーの関心度もすぐに察知できるはずです。

そして、より発展的な提案をする際にも強い味方となります。たとえば、リノベーションを提案したい場合に、当該物件の近隣でリノベーションを実施することによって2割増しの家賃で借り手がついたなどのデータを見せることができれば、提案はぐっと楽になります。さらに、住居からテナントへ用途変更をするべきなのか、あるいは単純に物件資料としての写真の見せ方がよくないのかなど、マーケティングデータをもとに問題を洗い出すことができ、改善提案もスムーズにできるでしょう。

今後は、「マルチユース」などと同様に、「ＦＲＥＳＨ」を顧客に合わせてカスタマイズしながら、空室対策のソリューションとして発展させていく予定です。

「シェア」する発想が不動産活用に柔軟性をもたらす

日本では、常に新しいビルやマンションが建造されています。それは、建物を長く使うという発想に乏しく、新築の便利な建物が関心を集めやすいからです。一方で、人口は減少し続けているわけですから、空きビルや空室が増えていくのは当然です。今後は、ストック（在庫）となった物件をどう活用するのかに重きを置き、新たな切り口で物件の用途を検討する必要があるでしょう。

その一つの策は、物件をシェアするということです。長期間の賃貸のほうが管理はしやすいですが、ストックの多い現状では需要は頭打ちです。一団体に長いスパンで貸すという発想から、シェアオフィスや貸し会議室など、多くの人に期間を細かく区切って、細かなニーズに対応するという方向に発想を変えていかなければなりません。ひと月単位のショートステイや短期ビジネスのために、場所を提供するのも有効でしょう。

高齢化や待機児童、インバウンド需要への対応の遅れなどの問題が山積しているにもかかわらず、オーナー側には、物件をこうした用途に利用することへの柔軟性が欠けているように思います。しかし、そうした現状も、オーナーに対する提案の仕方いかんによっては変えていけるのではないでしょうか。当社のシステムが、新たな視点で不動産を活用していこうとする人の力になれるよう、思いを込めて、開発を続けていきたいと思います。

第6章

インバウンド

にわかに関心が高まっているインバウンドですが、
肝心の受け入れ態勢は整っていません。
観光客として、あるいは働き手として訪日した外国人が
心地よく滞在できるような宿や家の整備が急がれます。
空室は、その役割を果たすのにうってつけなのです。

中古マンションに外国人投資家を呼び込み賃貸のインバウンド化を促進する

株式会社ネクサス・ジャパン 代表取締役 澤田 学

ネクサス・ジャパンからの提案

- **リノベーションで付加価値の高い部屋をつくり、家賃をアップすることで入居者の“質”をも変える**

- **外国人オーナーによる中古物件の購入を促進し、インバウンド賃貸の増加につなげる**

- **外国人オーナーの物件でインバウンド賃貸の実例を積み重ね、日本人オーナーの抵抗感を払拭する**

Company Profile 株式会社ネクサス・ジャパン

東京都内23区の賃貸仲介・管理業者として2003年に設立後、「アパマンショップ」ブランドとして、高田馬場・早稲田・池袋・御茶ノ水・巣鴨・門前仲町の6ヵ所に賃貸仲介事業の店舗を展開。賃貸管理事業を行うとともに、リノリースCLUBのフランチャイズにも加盟し、リノベーション事業に力を入れています。なかでも創業の地である高田馬場、早稲田、目白を拠点として特に注力し、過去にはこのエリアの学生に支持されている風呂なし賃貸の物件数について、日本有数の規模を誇りました。現在は高田馬場エリアに多数ある中古マンションの空室問題に取り組み、リノベーションと組み合わせた賃貸を提案するとともに、オーナーや入居者のインバウンド化を目指しています。

賃料を上げて空室を埋める逆転の発想

当社は、東京の高田馬場、早稲田、目白を中心とした地域の賃貸不動産仲介事業からスタートしました。現在は東京都内の賃貸物件管理事業、リノベーション事業も進めています。

築年数を経た古い物件の場合、空室が多いにもかかわらず、「積極的に入居者を募集しなくてもよい」というスタンスのオーナーは少なくありません。特に、私たちが拠点としている高田馬場、早稲田、目白のオーナーは、ご年配の方が多く、その傾向が強いのです。当社では、こうした空室をそのままにしているオーナーにリノベーションを提案し、その物件の仲介事業、管理受託まで合わせて行っています。

空室を埋めようとする場合、最初に考えつくのが家賃を下げるという方法です。しかし、マンション一棟を所有しているオーナーの場合、ひと部屋の家賃を下げるには、ほかのすべての部屋の家賃も下げる覚悟が必要になります。そのため、私たちは家賃を下げて貸すのではなく、リノベーションをして物件の価値を上げ、今よりも家賃を高く設定することを提案しています。この提案には、収益性の向上だけでなく、誤解を恐れずにいうと、入居者の属性を変え、以前よりも住民の〝質〟を向上させられるという利点があるのです。

私たちが管理している物件の中で一つ例をあげると、ある家賃4万円の物件の場合、入居者が退去するたびに、近隣の住民から苦情がきていました。なぜかというと、退去するタイミングで、共有のゴミ捨て場にカラーボックスや布団といった大きなゴミが無造作に捨てられていたからです。一方、家賃10万円の物件では、そういった苦情は、寄せられません。家賃を上げ、入居者の属性を変えることは、オーナーにとってもトラブルの予防につながるのです。私たちはそれをリノベーションで実現しています。

リノベーションで家賃が最高2万5000円アップ

リノベーションの実例を紹介しましょう。地下鉄成増駅徒歩5分、築年数38年、2DKの物件がありました。総戸数は15戸ですが、当社が管理に入ったときには、8戸が長期間空室のままになっていました。残り7戸の入居者は昔から住んでいる高齢の方々です。そのマンションでは、まず、ひと部屋をリノベーションして入居者を募集し、入居者が決まったら、さらにひと部屋をリノベーションして募集するという方法をとりました。最初のひと部屋で実際に家賃を上げて入居者が入ると、「他の部屋も同じようにやってほしい」というオーナーの承諾が得られるからです。結果的に、そのマンションはもとの家賃よりも最高2万5000円も高い賃料で、満室となりました。現在は、以前から住んでおられた入居者が退去されるごとに、リノベーションを行っています。このように、当社では、物件全体を一度にリノベーションするのではなく、結果を出してオーナーに納得していただきながら、オセロのように進めていく手法をとっています。

“10人中9人に嫌われる部屋づくり”

当社は、空室問題の解決にあたる「リノリ

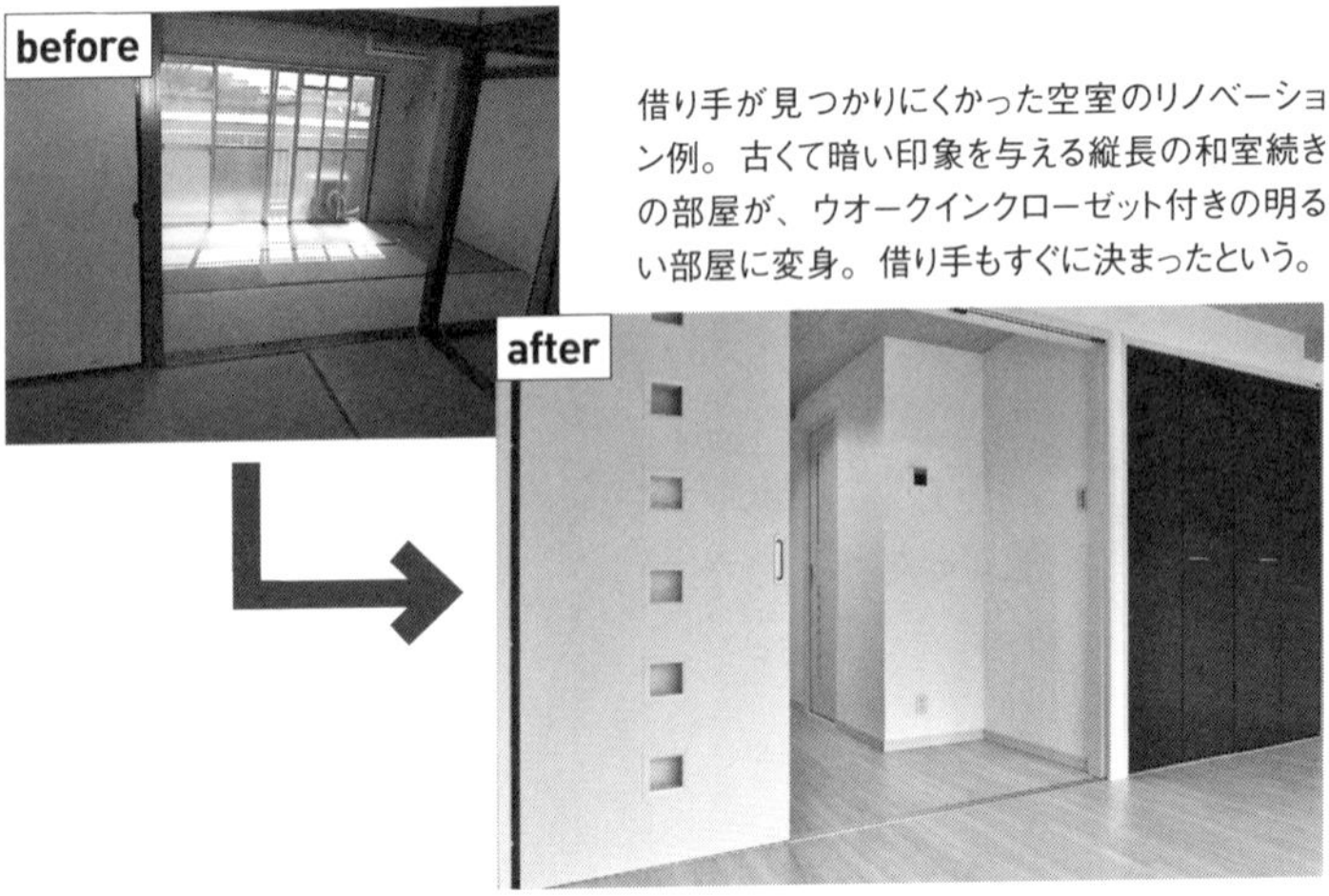

借り手が見つかりにくかった空室のリノベーション例。古くて暗い印象を与える縦長の和室続きの部屋が、ウオークインクローゼット付きの明るい部屋に変身。借り手もすぐに決まったという。

ースCLUB」のフランチャイズに加盟し、〝10人中9人に嫌われる部屋づくり〟を一つのテーマとして、リノベーションを実施しています。9割の人に、「この部屋は無理だ」と思われても、残りの1割に「待ってました！　こんな部屋」と思ってもらえるような独自性のある部屋をつくろうと考えているのです。

といっても、ただむやみにつくるわけではなく、綿密な調査も実施しています。物件のあるエリアの賃貸物件数、持ち家数、20～40代の各年代の世帯数、男女それぞれの世帯数、世帯構造などを調べ、地域の属性とニーズに合わせてターゲットを決めるのです。そこまで決まったら、調査データをもとにして、従来の常識にとらわれず、担当者の裁量でつくりたい部屋を形にします。

ただし、20人ほどの内見者が訪れても入居者が決まらない場合は、再びリノベーションを行います。内見希望自体がないということであれば、家賃が合っていないなどの理由も考えられますが、見に来ていただいたにもかかわらず入居者が決まらないということは、部屋自体がよくないということだからです。

そして、もう一つリノベーションの際に心がけているのは、極力費用をかけないこと。クロスや床の張り替えといった比較的安価な方法を優先して行います。間取りを変えたりすることもお金をかければできますが、築年数がたっているからといって何でも新しくする必要はありません。活用できる部分は残し、リノベーションでどんどん付加価値を高めていきたいと考えています。

インバウンド向け賃貸のカギを握る外国人オーナー

現在、台湾や中国をはじめとした外国人の投資家向けにマンションを売るセミナーが活発に行われています。しかし、対象となる物件の多くは、お台場など、2020年のオリンピック開催に向けて開発されたエリアの新築マンションです。私たちは、外国人の投資家に、ぜひ高田馬場、早稲田、目白エリアのよさを知ってもらい、この地域に多くある中古マンションを購入してほしいと考えています。

このエリアは、早稲田大学や日本女子大学がある学生の街であり、高田馬場は「リトル・ヤンゴン」と呼ばれるミャンマータウンであるという特色があります。そもそも高田馬場がミャンマー人街になったのは、外国人の賃貸物件入居が難しい中で、ミャンマー人が入居できる物件があり、そこに人が集まってきたから。もともとインバウンドに馴染みのある土地柄なのです。こうした情報を外国人の方に発信し、このエリアの中古マンションへの投資を誘導したいと思っています。さらには、そのような外国人オーナーが所有する物件を必要に応じてリノベーションし、賃貸物件として管理したい。そこには空室解消につながる二つのメリットがあります。

一つは外国人オーナーが増えることで、これまで難しいとされてきた外国人の入居者が増えるということ。日本人オーナーは、国外の方に物件を貸すことにまだ抵抗を感じる方が少なくありませんが、外国人オーナーは入居者の国籍にそれほどこだわりがなく、自国の人に貸さないということは、まずありません。

二つ目は、インバウンド向け賃貸のモデルケースをつくることで、日本人オーナーの意識を変えられるということです。「こんな優良な入居者が、これくらいの家賃で入っている」という事例を日本人オーナーに紹介することができれば、外国人に物件を貸すことへの抵抗感を自然に払拭できるのではないかと考えています。

オーナーのインバウンド化を進めていく中で、古くからの日本人オーナーの意識を変え、これまで難しかった賃貸物件のインバウンドの突破口にする。それが空室解消に向けた私たちの戦略です。そのためにも、高田馬場を中心とするエリアの魅力を積極的に発信していきたいですね。

インバウンド向け賃貸の課題と未来

これまで、外国人向け賃貸の一番の問題点は、退去の手続きをせずに、黙って国へ帰ってしまうケースがあることでした。現在は、国土交通省が定めた原状回復に関するガイドラインが機能しているため、退去後の原状回復は非常にスムーズです。また、家賃未納のまま帰国されてしまうという問題もありましたが、現在は外国人専門の保証会社があり、韓国や中国などの現地にも事務所を置いて対応しているため、その不安は少なくなっています。この大きな二つの問題が解消されたことで、入居者の国籍はオーナーにとって問題にならない時代がきていると思います。

現在の課題としては、オーナーが外国に住んでいる際の、家賃の管理と送金があります。海外への送金はかなりの手数料がかかるため、ひと月ごとなど、こまめなサイクルで家賃を送金していては利益が目減りしてしまいます。そこで、いったん当社で家賃を預かり、半年ごとにまとめて送金するという方式を考えていますが、それでも手間はかかります。今後、インバウンド賃貸の家賃送金に関する法整備が待たれるところです。

一方、これから注目したいのは、DIYブームを背景に広がりつつある、住民によるリフォームが可能な物件の登場です。UR都市機構でも、DIY住宅を提供しているのがいい例です。海外ではDIYの文化が根づいているため、インバウンド向け賃貸物件とも相性は抜群です。「自分でペンキを塗って好きにしてもいい」などの特典付きにするなど、不動産会社主導で部屋をつくって貸すのではなく、入居者自身が自分の手で住みたい部屋をつくれる物件を提供する…。このような、個性的で楽しい物件が増えれば、空室に悩まされることも自然に減るのではないでしょうか。当社でも、今後、積極的に取り組んでいきたいと思います。

「満室の神様」が挑む
外国人向けマンスリーマンション事業

株式会社リノベーション21　代表取締役COO　麻生川直由

リノベーション21からの提案

- リノベーション、香り、風水を駆使して、五感をくすぐる部屋づくりを行う
- 営業マンに賃貸物件情報を刻みつける主婦のネットワークにより、リーシング力をアップ
- 物件の収益を最大化するマンスリーマンション"時業"で、訪日観光客や日本で働く外国人労働者の滞在を支援する

Company Profile **株式会社リノベーション21**

2009年設立。賃貸、売買、仲介、リノベーション、マンション・ビル管理を扱う総合不動産会社です。なかでも空室対策を得意とし、対象となる物件と周辺の地域を徹底リサーチして最適なリノベーションを実施。内覧者の五感に訴えるさまざまな工夫を施し、早期に満室を達成しています。不動産仲介の会社をまわる「マイソクおばちゃん」などのユニークな対策でリーシングにも力を入れ、他社の賃貸物件にも対応。さらに、マンションの収益率を高めるマンスリーマンションの運営代行も実施しています。管理物件数はわずか3年で700戸を超えるほどになり、今後は、訪日観光客や外国人労働者を対象としたマンスリーマンションの運営を確立し、インバウンド貢献を目指します。

空室をなくし、物件の収益を上げる「満室の神様」

物件の価値を決めるのは収益力ですが、その収益力を阻害する一番の原因はなんといっても空室です。そして、空室を解消しようとするなら、物件の価値を向上させる必要があるでしょう。価値向上の手法はさまざまですが、なかでもリノベーションは欠かせません。

当社は、このリノベーションを得意としており、低コストで最大限の効果を上げるべく、ハード面だけではなく、雰囲気や香りといったソフト面も含め、さまざまな工夫を凝らしています。


当社が空室対策に力を入れるようになったのは、空室で困っているオーナーが来店し、「なんとかこの物件を埋めてほしい」と要望されることが非常に多かったためです。

私たちとしても管理費を上げるためには物件を満室にし、その状態を維持する必要があります。そこでさまざまなノウハウを駆使し、百発百中の勢いで入居者をつけられるようになりました。

自社で所有する6棟の賃貸住宅物件も、ほぼ満室。空室率にして5%もありません。購入した当時は、ほぼ空き物件の状態だったのですが、あらゆる工夫で満室にした経験を他の物件にも生かすことで、今では「満室の神様」と呼んでいただけるようになりました。

五感に働きかける空室対策

空室にエンドユーザーを呼び込むポイントは、「内覧した入居希望者がどう感じるか」。見た目ばかりでなく、対象となる物件が五感でどのようにとらえられるかが重要です。

たとえば、第一印象を決める外観やエントランスのリフォームに力を入れ、植物や柑橘

リフォームでは、最小限の投資で最大限の効果を得ることを目的に、第一印象を決める外観やエントランスの整備に注力。最小限の改装で印象をガラリと変え、賃料アップや早期の成約に成功している。

類の香りを漂わせて清潔感を演出するといった具合です。

風水を取り入れるのも当社の特徴です。勘違いされている方も多いのですが、風水というのは、決して神がかり的なことではありません。カビの発生しやすいところに風を通しやすくしたり、自然に調和できるようなレイアウトを心がけたりと、生きていくうえで欠かせない知恵の集合体ともいえるもの。自然なかたちで取り入れています。

そして、リノベーションを行うにあたって必ず考えるのは、「改装にかけた費用をどれくらいの期間で回収できるのか」ということ。ほとんどの場合、かけたコストの10％以上は1年で確実に回収できます。

たとえば、ずっと空室だった1部屋に50万円かけたとしても、年間で家賃が5万円上がれば10％は達成できます。このように賃貸物件におけるリノベーション費用は、いったん入居者がつけば回収率が非常に高いのです。そのため、私はリノベーション費用への投資は積極的にするべきと考えています。空室の場合は0、入居者が入ったら100ですから。

物件情報を営業マンに印象づける「マイソクおばちゃん」

当社では、直接オーナーから任された物件以外に、同業社から依頼を受けた物件のリーシング代行も行っています。今は、ほとんどの仲介業者がインターネットを通じて入居者を募っていますが、当社では逆転の発想で、あえてアナログに力を入れた物件紹介を行います。

具体的には、主婦のネットワークを構築し、空いている時間に我々が持っている管理物件の資料を持って、不動産仲介会社を1軒1軒回ってもらうのです。

物件の情報をまとめた資料は、毎日配送するために不動産用語で通称「マイソク」というのですが、当社では、こうした業務をおまかせしている主婦の方々を「マイソクおばちゃん」と呼んで活躍してもらっています。マイソク自体も手書きにしたり、カラーで印刷したりと覚えてもらいやすい工夫を心がけています。やはり営業マンも人間ですから、どれだけインパクトを与え、物件を印象づけられるかが重要なのです。

なぜこうしたことを行うかというと、営業マンが物件を提案するときには、鮮明に記憶している物件から紹介することが多いからです。私自身も営業をする際には、候補となる物件を常に3つほど頭の中で準備し、賃貸希望の来店者の要望に応じてさっと勧めていました。その場でパッと候補を出せないと、お客さまも醒めてしまいますから。こうした理由から、物件情報は不動産仲介業の営業マン、特にトップセールスマンの頭に記憶していただくことが一番効果的だと考えています。

そして、主婦の方を登用しているのは、男性よりも女性のほうがソフトな印象な上、短時間でも存分に能力を発揮していただけるから。「マイソクおばちゃん」には、何気ない会話を交わしたり、ちょっとしたお菓子を持って行ったりと、営業マンと信頼関係をつくることを目標にしてもらっています。

物件の収益を最大化するマンスリーマンション

今後の方針としては、マンスリーマンション事業に注力しようと考えています。

訪日外国人が増えたおかげでホテル業界が潤い、その結果、予約がとれない、以前よりも宿泊料がかかるといった現象が起きています。しかし、ホテル不足で困っている人がいる一方で、空室問題は深刻化し続けています。空室を宿泊施設にするだけでこの矛盾が解消されるにもかかわらず、法規制のために困難な状況なのです。

こうした中、アメリカ発の「Airbnb」（インターネットを通じた個人間の短期賃貸）がブレイクしました。結果、民泊が大阪や東京で一部認められ、同時にマンスリーマンションも脚光を浴びてきました。法整備も進み、非常に将来性を見込めるものと期待しています。

当社では、一つのビルの収益率を最大化する目的で、マンスリーマンション業務に着手しています。たとえば、家賃5万円のワンルームをマンスリーにすると、フル稼働でひと月15万円ほどに、3分の2の稼働だとしても10万円と倍になります。普通賃貸よりも収益性が上がるため、さっそく自社物件をマンスリーマンションにしようと働きかけたところ、大きな壁が立ちはだかりました。

マンスリーマンションを登録するポータルサイトを大手が独占しているため、新たにマンスリーマンションを運営したくても、効果的な宣伝の手立てがなかったのです。大手はマンスリーマンション用に空室物件の借り上げ（平均賃料より低め）には積極的なものの、マンスリーマンション代行業務は基本的に行いません。そのため、オーナーには空室の収益力を最大化するための手段がないのです。私はなんとしてもこの現状に風穴を開けたいと思っています。マンスリーマンション業務は、2016年春から本格的に始動する予定です。民泊の規制緩和も進んでいることも踏まえ、今後はさらに特化して、インバウンド向けのマンスリーマンションシェアのトップを目指します。

インバウンド向けマンスリーマンションのナンバー1を目指す

訪日外国人向けのマンスリーマンション業務には、じつは面倒なところもあります。言葉の問題はもちろん、それ以外に、宿泊目的のお客さまに日本のマンスリーマンションならではの契約手続きを行ってもらう必要があるのです。この部分をきちんと整備し、クレジットカードでの支払いやスマートロックによる防犯対策を進め、インバウンド向けに提供していきたいと考えています。客層はアジアを中心に訪日観光客や労働者を想定しています。マンスリーマンション運営につきものの清掃業務ですが、こちらも弊社の「マイソクおばちゃん」のノウハウで、マンション周辺の主婦の方々に清掃を委託するシステムをつくり、短期間の宿泊にも対応できるようにしたいと考えています。オリンピックムードが高まる2017年には、対応できるようにしたいですね。

私はこれまで「お金を儲ければ幸せになれる」と思って働いてきました。ですが、「リノベーション21」を立ち上げたあるときに、「社会に貢献する度合いが大きいほど、幸せになれるのではないか」と考えるようになったのです。マンスリーマンションを借りようと考える方は、ホテルに宿泊するほど高い料金を払える人たちではありません。私は不動産業を通じて、空室問題の解消だけでなく、訪日観光客や日本で働く外国人労働者の滞在も助けたい。そうしたかたちでこれからの社会に貢献していきたいと考えています。

公共哲学に基づくインバウンド戦略を通して持続可能なコミュニティの形成を目指す

株式会社ジャパン インバウンド ソリューションズ
代表取締役社長　中村好明

ジャパン インバウンド ソリューションズからの提案

- **インバウンドを通じて、タウンアイデンティティを再確立する**

- **コンパクトシティを目指し、伝統ある建造物に現代的な価値を付与する**

- **地域が一丸となって、持ち味を生かした街づくりを目指す**

Company Profile **株式会社ジャパン インバウンド ソリューションズ**

2008年、ドン・キホーテグループのインバウンド事業を担うプロジェクトとしてスタート。当初は同社グループ内の免税対応や、店舗のある地域への外国人観光客の誘致などを業務としていました。そんな中、同プロジェクトの成功を目の当たりにした国や自治体、民間企業から、インバウンドに関する相談や業務依頼が舞い込むように。そして、2013年、このプロジェクトチームが丸ごと、株式会社ジャパン インバウンド ソリューションズ（JIS）として分社独立。プロジェクトリーダーの中村さんが同社の代表取締役社長に就任しました。2014年初頭には、新宿エリアの7社12店舗が連携して集客を行う「新宿ショッピング・キャンペーン」の実行委員長として企画を推進（現在は15社に拡大）。日本のインバウンド分野における地域振興を手がけるスペシャリスト集団として注目を集めています。

巨大小売企業「ドン・キホーテ」グループの一部門としてのスタート

「ジャパン インバウンド ソリューションズ(JIS)」は当初、ドン・キホーテグループのインバウンド受け入れ態勢を整備するプロジェクトとして、2008年7月、スタートしました。ドン・キホーテ内の訪日外国人観光客の買い物の免税対応や、その誘致が主な業務だったのです。

しかし、あるとき、それだけでは限界があると気づきました。東京や大阪など大都市ならともかく、地方のドン・キホーテの店舗に訪日客を呼び込むには、単店のパワーだけでは力不足で、ドン・キホーテ単体での買い物の魅力だけでは集客できない。それゆえ、店舗のある街あるいは地域全体の魅力を束にして世界にPRしていかなければ、地方へのインバウンドの集客は成功しないのだということを痛感したのです。なぜなら、訪日客は街全体、地域全体の魅力を目当てに訪れるからです。また、ご当地でのインバウンドの需要が高まれば、その地方の経済全体が潤います。地元の人々が潤えば、ドン・キホーテに来店する日本人顧客の購買力も増し、自店も繁栄し続けることができるでしょう。

そのときから、地域全体を巻き込んだインバウンド対策を考えるようになりました。当初、社内では「インバウンドプロジェクト」の名称で動いていましたが、2010年3月、店舗のある地域全体を盛り上げることを目的に、「インバウンド&地域連携プロジェクト」にプロジェクト名称も人員体制も大幅にバージョンアップ。

これと連動するように、ドン・キホーテグループだけでなく、国や自治体や民間企業からの業務依頼も増え始めました。そして、2013年、活動のステージを一挙に拡大するために、インバウンドに関する総合ソリューションを提供する専門企業として、ジャパンインバウンドソリューションズ（JIS）を創業することになったのです。

個人訪日観光客への対応は団体戦で

当社のミッションは、全国47都道府県、1718あるすべての市町村にコミットし、日本全体でのインバウンドツーリズムを盛り上げることです。

そのため、年間200回以上、私は、国内外での講演・講義・講習活動のために飛び回っています。また、各地域でインバウンドの実行委員や推進協議会などをつくり、その推進役としても積極的に関わっています。当社の本部は東京にありますが、提携先は、日本のほぼすべての都道府県にわたっています。さらには、世界の5つの都市に現地事務所を構え、海外の約30の都市で具体的なプロモーション・マーケティング事業を展開しています。

私たちは、一過的な、そして断片的なインバウンドのノウハウを提供しているのではありません。地域の人々全員が連携して、訪日客のみなさんに満足を提供し、再び訪れたいという気持ちになってもらうための総合的な施策に注力しているのです。そして、その実現のために必要な諸要素、すなわち、国際観光人材育成、戦略的なマーケティングやプロモーション、街づくりその他総合的なプラットフォームを提供し、ひいては、持続可能な地域社会の基盤の実現に寄与することこそが、私たちの使命であると考えています。

国内マーケットでは、どの民間企業も日々、地域内の競争に明け暮れています。近隣の同業他社の店はライバル。隣の温泉地、隣の観光地もみんなライバルといった感じでしょう。

しかし、インバウンドという視点でとらえ直すと、事情はまったく異なってきます。インバウンドでは、地域内の全員が味方（チームメイト）になるからです。

なぜかというと、外国人に訪れてもらおうと願うなら、まず海外の競合国に競り勝って「日本」の魅力を訴求できなければなりません。いわば、国家間競争に参加することになるわけです。そして次に、その日本の中においても、自分たちの地域を訪問先に選んでもらうためには、そのエリア全体が魅力的でなければなりません。必然的に、地域内での競争ではなく、連携が重要となるのです。

また、大きなインバウンドのトレンドとして、訪れる観光客は団体客からFIT（個人観光客）にシフトしてきています。団体観光客が多い頃ならば、ホテルやショップ、ドライブインなどは、ランドオペレーターやツアーガイドに手数料やマージンを払って団体観光客を呼び込むBtoBの商売ができたのですが、個人観光客にその手法は通用しません。また、訪日客のみなさんは、一つのショップや宿や食事処のためだけに、わざわざその地域へは足を運びません。

こうした訪日観光客の特性に鑑みても、地域全体の魅力を向上させる必要があるわけです。インバウンドの主流が団体観光から個人観光に変わりつつある今、迎え入れる側の地元は、むしろ団体戦で挑むことになるのだと認識していただきたいと思います。まさにパラドクス（逆説）的戦略が必要になるのです。

インバウンドは、地域が、日本が持続可能になるための手段

私にとって、インバウンドは目的ではなく、より大きな目的を実現するための一つの〝手段〟にすぎないと思っています。私の専門分野である公共哲学にも関わってくることなのですが、当社の最終的な経営目的は「持続可能なコミュニティ・日本をつくる」ということにあります。少子高齢化、地方消滅危機、非正規雇用の拡大など、日本はさまざまな課題を抱えていますが、それらを乗り越え、将来にわたって各地域が、そして日本全体が繁栄し続けるための手段の一つがインバウンド戦略だと考えているのです。

たとえば、地域の人にとって、地元の食文化や街並み、年中行事や祭りといったようなものは当たり前のものですが、そこを初めて訪れる海外の人々にとっては、それらから受け取る印象も価値もまるで違うものになります。訪日観光客、すなわち異文化圏からやって来る旅人は、いわば、私たちが無自覚的に送っている日々のくらしを鮮明に映し出す鏡。

私たちは、彼らによって映し出された自分たちの文化の像を客観的に評価し直し、彼らが手にした感動や発見を通じて自らの価値を再認識する。そして、こうした触れ合いを通して、自分たちのアイデンティティを改めて確立していく…。インバウンドには、このよ

うなもっと奥深い効能があると思うのです。

現在の日本社会は、明確なビジョンや目的を見失い、最終的な完成図をイメージできなくなっています。まるで、全員がバラバラに小さなパズルを組み立てているような状態ではないでしょうか。だからこそ私は、インバウンドを通じて各地域に根差したものに目を向け、各々の地域の公共性的理念を甦らせることによって、あるべき全体像を再創造していく手助けをしていきたいと考えております。これは、事業の枠を超えた、公共哲学者としての私の使命だとも思っています。

すべての産業が対象となる「インバウンド3・0」

私はインバウンドの時代区分を次の3つに分けています。

まず、「インバウンド1・0」。この時代は、2003年、当時の小泉純一郎総理が観光立国というコンセプトを打ち出し、ビジットジャパン事業を推進したところから始まりました。訪日客の訪問先も、東京や大阪、京都といった、特定の大都市圏や観光地に限られていた頃です。また、このインバウンド1・0の時代は、行政中心。そして民間においては、「狭義の観光」事業者、すなわち宿泊業・運輸業・観光施設や旅行代理店といった特定分野の事業者だけがインバウンドのプレーヤーだったのです。

続く「インバウンド2・0」の時代は、2014年10月1日に始まりました。まさに今私たちは、インバウンド2・0のど真ん中にいます。

なぜこの2014年10月に新しい時代へと進んだのか。

それは新免税制度が施行されたことによります。これまでは、カメラや時計・宝飾品などの商品群しか免税対象となっていなかったのですが、消耗品、すなわち化粧品・医薬品、そして、食品・飲料、地域の物産に至るまで、すべて免税対象となったのです。

これにより、2015年には、「爆買い」という言葉が流行語大賞になりました。この時代では、「広義の観光」事業者、すなわち、小売業をはじめ、飲食店・美容室などじつにさまざまな分野の店がインバウンド観光産業となっています。そして、訪日客の訪問先も、大都市圏に加え、全国の地方都市に広がりました。まさに、インバウンドが日本の基幹産業となった時代といえるでしょう。地方都市がインバウンドの舞台になり、地域連携が不可欠となっています。

そして、来る2020年の東京オリンピック・パラリンピックの年を契機として日本は

「インバウンド3・0」の時代に突入していきます。

この時代には、日本の不動産事業者や賃貸事業者をはじめ、製造業、理美容業、農林水産業など、日本におけるすべての産業がボーダーレスにインバウンドに関わるようになります。

まさに、日本の全産業がインバウンド観光関連産業になるということです。

行政も単に観光庁、地方自治体の観光課などでの対応だけでは済まされなくなるでしょう。すべての中央省庁、地方自治体の全部局が縦割りの枠を超えて、インバウンドに関わるようになります。そして、これはもはや、日本にとっての真の「開国」とも呼べるものになります。

ドメスティックでローカルな商圏と、グローバルな商圏が一体化・直結していくわけです。ただし、その実現のためには、前述のとおり、官民協働が基本となります。そして、インバウンド3・0の到来とともに、街づくり、国づくりのあり方を一変させていかなければなりません。

では、その中で、不動産業関係者はどのように関わっていけばよいのでしょうか。

現在、日本には約1億2700万人弱の人々が住んでいますが、少子高齢社会の中、人口減少は加速していきます。こうした状況に鑑みて、スプロール化（都市が無秩序に拡大すること）して郊外に広がった市街地は大胆にリストラして、コンパクトシティ化を目指すべきだと考えています。

そして、スプロール化する以前から地域の中心街にあった伝統的な建物や文化財を再生し、伝統を感じさせる街づくりを行うべきでしょう。つまり、郊外に拡散してしまった人々の暮らしを、もう一度各街の中心地へと再凝縮していくべきだということです。私は、インバウンドを通してそれを実行したいのです。

そのためには、中心街にある建物もただ古いままではいけません。そこにどんなに伝統があったとしても、単純に修復だけを行うのではなく、現代的な価値を付与して需要を創出し、マネタイズできる仕組みをつくる必要があります。そうしなければ、単なる文化財の修復に終わってしまいますし、そもそも、そのための資金の回収すらできません。

付与できる付加価値は、設備などのハードだけではありません。建造物に関わるストーリーやそこに働く人たちの語学力、ホスピタリティマインドの醸成などのソフトも重要な役割を果たします。また、物件のリノベーションにあたっては、建築家やデザイナー、不動産オーナー、物件の使用者、周辺住民など、街に関わるすべての人たちの意識を統一していく必要もあるでしょう。それも、私たちの仕事だと考えています。

政府が2016年度から民泊を全国で認めていくとの報道がありました。ますます増加するインバウンドの需要に応える意味ですばらしいと思います。

しかし、単に、民泊を野放図に許容するのではなく、地域と共生できるルールづくりや、訪日客の期待を裏切らない品質の保証、ゴミ処理問題など、住民と訪問者のお互いのモラルの向上などにも目を向けていくことも忘れないでいただきたいと思います。

街全体の価値を創出することで空室を解消する

本書の読者には、所有している空室や空きビルに困っている人も多いと思います。そうした方々には、いったん、ご自身の物件のことは脇に置いて、どうすれば〝街全体の価値を創出できるか？〟という発想を持つことを提案したいと思います。

地域住民のみなさんや地域行政の担当者の方々と連携を取りながら、「地域全体を魅力的にするためにはどうすればいいか？」を考えてみてほしいのです。簡単なことではありませんが、ご自分が源となって地域を盛り上げれば、外部からも人が集まって地域振興が進み、結果として、所有する物件の価値も上昇するはずです。

今後は、国内の定住者も国内の旅行客も減少していきます。一方で、インバウンドは右肩上がりでさらに伸長していきます。それゆえ、インバウンド対応は、日本の地域社会の将来にとって最重要なテーマとなってくるのです。そして、だからこそ、インバウンドツーリズムを通した街づくり、ひいては持続可能な地域づくりが必要となるのです。

高度経済成長や製造業中心の大量生産社会の中で、規格化、合理化が重んじられ、地域の絆やコミュニティ、家族の絆などが軽んじられるようになりました。大家族は核家族に、そして、核家族は限りなく個人へと向かいつつあります。こうした時代の流れの中で、自分さえよければいいと考える人も増えてきているように思います。

しかし、地域が連携して振興を目指すことによって、コミュニティは復興し、人々の意識が変わり始めます。そして、その取り組み自体が訪日客の支持を集め、地域はさらに盛り上がりをみせるはず。そんな上昇スパイラルこそが、持続可能な地域社会を創成していく原動力になるのではないでしょうか。

私は、日々、インバウンドを通じた、全国各地の商店街や観光地の再活性化、すなわち街おこしに従事していますが、毎日のように各地で小さな成功事例が生まれつつあります。かつて繁盛した街が一度衰退し、また甦ってくるというプロセスに関わり続けているのです。

交流人口（旅人）と定住人口（住人）が融合し、共鳴し合うことによって、地域はより付加価値を増します。それは生産性の高い、人口の減らない社会。インバウンドは日本社会をそこに導くだけのインパクトを持っています。インバウンドは、まさに〝足し算〟ではなく〝掛け算〟なのです。

おわりに

ちょうど、この原稿を書いている頃、ある匿名ブログの記事が全国的な議論を巻き起こしました。２０１６年２月15日「保育園落ちた日本死ね！」と題して投稿された記事のことです。子どもの面倒を見てくれる人も場所も確保できず、職場復帰をあきらめざるを得なくなったという女性の訴えに、私は、待機児童問題の深刻さをあらためて感じるとともに、歯がゆさを感じました。

なぜなら、私たちは、女性の子育てと社会進出を支援する社会福祉インフラを整備するための具体的なアイデアを持っていて、空いているスペースもあるのに、国や自治体の規制のため、いまだ実現できないでいることが多いからです。

本書に登場した22企業による提案は、すでに実現しているものもありますが、国土交通省や厚生労働省など、さまざまな省庁の規制緩和を前提とした構想も少なくありません。こうした事情から、私も、関係省庁への陳情を視野に、「全国空室対策協議会」の取り組みを広く周知すべく活動しています。そんな中、意外にも、総務省が空室活用事業を推進していることを知りました。その一つが「公共施設オープン・リノベーション推進事業」

です。これは地域の課題解決を目的に、各自治体が保有する生産性の低い公共施設や空きスペースを、民間事業者のアイデアでリノベーションして再生させるという取り組みを支援するもので、2015年度からスタートした事業です。

同年度には、庁舎の空きスペースを図書館を核とする複合施設としてリノベーションし、放課後の子どもの居場所および地域住民の交流スペースとして活用する案など、8団体の提案が採択されました。2016年度は1億7000万円の予算が用意されているとのことです。空きスペースを課題解決に結びつけるという点で、私たちと志を同じくするこの事業、応募する価値はあると思います。

さらに同省では、地域のモノや知恵を生かして人や投資を呼び込み、地域での新しい暮らしの土台づくりを目的とする支援事業も多数推進しており、そのうちの一つ、「ローカル10000プロジェクト」は空室活用事業も支援対象となっています。具体的には、地域の資産・資源を活用した雇用力のある地域密着型の事業計画案に対して、自治体のバックアップと地域金融機関からの融資（無利子・無担保）を条件に、総務省が「地域経済循環創造事業交付金（上限5000万円）」を給付するというもの。

事業者は安定的に大きな事業にチャレンジでき、金融機関は低リスクで地元に投資。地元の資源も生かされて雇用が創出され、結果的に自治体の税収もアップするという、好循環を目指しているといいます。同省の地域力創造グループ 地域政策課 小野寺晃彦理事官によると「点在する空き家・空室を利用して、地域住民の拠り所となるような施設をつくる事業も、当然支援対象になります。ぜひ自治体に相談して制度を活用していただきたい」とのこと。地域活性や街づくりを目指す事業者なら、活用しない手はないでしょう。

空室の画期的な活用で日本を救う取り組みは、着々と広まりつつあります。本書がきっかけとなって、その勢いがさらに加速することを願ってやみません。

最後になりますが、日頃から「全国空室対策協議会」の活動に多大なご協力をいただき、快く取材に応じてくださった経営者21人のみなさまに、あらためて御礼を申し上げます。そして、私の活動を世に広めるべく、本書を企画・プロデュースし、全取材に同行してくださったリスナーズ株式会社の垣畑光哉代表、原稿を取りまとめ、編集してくださった桐島満希さん、その他、多くの方のご協力によって、私たちの思いが形になりました。心からの感謝を申し上げます。

2016年3月30日

谷　正男

[監修]

谷 正男(たに・まさお)
株式会社全国空室対策協議会 代表取締役社長
株式会社アットオフィス 代表取締役会長

大手不動産仲介会社(取締役営業部長)を経て1998年、不動産ベンチャー企業を創業。3年間で営業50名体制を築く。2000年、同社のマーケティング担当部門として「アットオフィス」を設立。2003年に顧客CTIシステム、2006年に物件CTIシステム「1DAYUPシステム」(特許申請)、2007年にメール物件紹介システム「ビルケンドットコム」などのシステムを開発。営業教育カリキュラムはのべ500名以上の受講実績がある。得意分野はシステム開発、営業教育、マーケティング。2012年、「全国空室対策協議会」を立ち上げ、空き家・空きビルを、医療や介護、育児、学童保育などが融合する「社会福祉モール」として活用するプロジェクト「リノビル計画」に注力する。

[企画プロデュース]

垣畑光哉(かきはた・みつや)
リスナーズ株式会社 代表取締役

立教大学法学部卒業後、外資系金融機関に勤務し、多様なマーケティングを経験。1999年の個人創業を経て、2001年に現・リスナーズ株式会社を創業、代表取締役に就任。以後、広告の企画制作や企業ブランディングに関わる。近年は成長企業トップへの取材による「コーポレートストーリー」のプロデュースに注力し、書籍化された取材は国内外300件を超える。著書に『10年後に後悔しない働き方 ベンチャー企業という選択』『メンター的起業家に訊く20代に何をする?』(以上幻冬舎)、『これから働くならこれからの会社でしょ』(ダイヤモンド社)など。

空室が日本を救う！

イノベーティブ企業22社からの提言

2016年4月21日　第1刷発行

監　修——————谷 正男
発行所——————ダイヤモンド社
〒150-8409　東京都渋谷区神宮前6-12-17
http://www.diamond.co.jp/
電話/03-5778-7235（編集）　03-5778-7240（販売）
企画プロデュース———垣畑光哉（リスナーズ）
執筆協力——————桐島満希（リスナーズ）　梶本愛貴　星 政明　小沼朝生
編集協力——————桐島満希（リスナーズ）
写真——————田中振一　加藤武美　江島暢祐
イラスト——————能作香織
装丁＆本文デザイン——加藤杏子（ダイヤモンド・グラフィック社）
製作進行——————ダイヤモンド・グラフィック社
印刷——————堀内印刷所（本文）・共栄メディア（カバー）
製本——————ブックアート
編集担当——————花岡則夫　冨田玲子

ISBN 978-4-478-06924-0